『行政法研究』創刊にあたって

2012年9月

宇賀克也

　行政法研究者は，幸い，着実に増加しているように思われる。法科大学院が発足し，行政法研究者も，一般に，法科大学院を修了することが求められるようになってからも，この傾向は継続しているといえそうである。他面において，法科大学院の発足は行政法研究者の授業負担を増加させ，アカデミックな研究をじっくりと時間をかけて行うことが困難になったという声もよく聞かれるところである。

　そのような状況下において，信山社から，アカデミックな研究論文を掲載し行政法学の発展に寄与するような雑誌を刊行したいというご相談を受けた。これまでの法律雑誌は，主として実務家を念頭に置くもの，主として法学を学ぶ学生を念頭に置くもの，法学研究者と実務家の双方を念頭に置くものが主体であり，もっぱらアカデミックな研究論文を掲載する法律雑誌は，非常に少ない。大学の紀要は，アカデミックな研究論文の発表の場であるが，通常，毎号，多様な法律分野の論文が掲載されることになり，行政法の専門誌でないことはいうまでもない。日本公法学会の学会誌である公法研究は，憲法，行政法の専門誌といえるが，学会報告の内容を基にした論文が主体であり，一部，公募論文が掲載されることがあるが，年に1回の刊行にとどまるし，また，字数の制約が相当に厳しい。したがって，行政法の分野のアカデミックな研究論文を，字数の制約をさほど気にせずに執筆し，公刊できる雑誌の存在は，行政法学の発展にとって，非常に貴重であると考えられる。そこで，本誌の編集をお引受けすることとした。

　行政法研究者の皆様のご協力を得て，『行政法研究』がアカデミックな雑誌として行政法学界で認知され，順調に号を重ねていくことができるように念願している。

［行政法研究　第22号（2018．1）］

行政法研究22号

は し が き

　本号には，４篇の論文を掲載している。

　多賀谷論文は，物と情報の区別が曖昧になっている IOT の時代である今日において，情報がもたらす効果を公法秩序の蚊帳の外に置き続けることは限界に来ているという認識の下，情報通信が行政法，行政行為論に及ぼす影響について論ずるとともに，物理的空間における規制が，情報通信の形づくる情報空間においていかに変容するかについて試論的な考察を行うものである。

　初めに，情報にかかる保護利益は，情報公開法等，個別の法律により保護されている限りで保護の対象となっており，物理的空間にかかる法的利益のように，概括的に法的保護の対象となっていることを前提とするものではないこと，このように情報が一般的・概括的に法的保護の対象とならないのは，情報の通信が元来自由なものであり，情報は私的権利として占有の対象とならないという原則に起因していることが指摘される。そして，ネット上で個人に対していわれのない中傷がなされることを政府が規制しようとすると，ネット事業者は情報通信の自由を理由に反対するが，そこでは，情報通信自由の原則が，一般私人の自由・法的利益を犠牲にして，これらの事業者による情報通信自由の特権を擁護する結果になっていることは否めないとする。また，情報の法的保護利益が認められない理由は，情報の複製が容易であり，複製されても元の情報は無くならないので，物と異なり排他的占有が困難なことであるが，情報のかかる特質を改め，その保有者による管理を可能とする技術的手段が講じられるようになりつつあり，かかる技術的防護手段によって保護された情報について，それを破ってデータを複製することは著作権法上違法であり，電子計算機のアクセス制御機能を解除して不正アクセスを行うことは不正アクセス行為の禁止等に関する法律により処罰されることが説明される。そして，情報の流通は経済的利益を伴うものとなりつつあり，情報流通の自由という建前の下，情報の流通が時として私人の利益を著しく侵害することがあり，その効果は一時的ではなく継続することもあること，情報技術の進歩がそれを抑止・改善する方策を生み出していることを踏まえ，情報の流通・利用に関し，法的保護の仕組みを整備する環境が整いつつあるという評価が示される。次いで，情報通信サービスに関する法的ルールについて，事業者間の関係（BtoB）では，ネットワーク設備事業者・プラットフォーム事業者と，よ

り上層でアプリケーション通信サービスを展開している事業者との関係については、後者が前者に依存する関係にあり、後者が前者に支配されることになりかねないため、規制官庁は、前者について競争阻害的な行為に出ないように非対称規制を加えたり、プラットフォームと上層のアプリケーションサービスを併せて提供する垂直的統合の問題に対処するため、アンバンドリングを行うなど、競争法制的な規律が行われてきたこと、事業者と消費者の関係（BtoC）については、認証ルールも、プラットフォームを通じて民間事業者によりデファクト標準として提供されていたりするため、利用者は、当該サービス提供側から包括的に管理されている関係になることが少なくないこと、個人情報保護法制により自己情報のコントロールを回復・確立させようとする仕組みが設けられているが、必ずしも十分とは言い難いことが指摘される。

　同論文は、コンピュータが相手方の場合には、利用関係の在り方は、予め設定されたCODEによって技術的に定められており、私人の自由意思を前提とする法規範とは異なるとするアーキテクチャ論について論じ、このCODEによる規制を自主規制、共同規制と位置付ける見解に対し、CODEはプラットフォーム事業者等が一般的に課す条件であり、利用者は服従せざるをえないので、プロバイダ側が行使する権力は、一方的・公権力的規制と事実上は変わらず、他律的規制のない通達による行政と同等の恣意性をもたらしかねないとする。したがって、情報通信自由の原則は、プラットフォーム事業者等に認められる自由という意味では、もはや維持するべきではなく、かかる実質的な公権力が恣意的に行使され、私人が不当・不法にコントロールされることのないように法的な規制の仕組みを設ける必要があると主張される。

　同論文は、準法律的行政行為として列挙される「通知」「公証」「受理」概念は、ネットワーク上の関係においても転用可能であるとして検討を行い、次いで、プラットフォーム事業者、プロバイダ等と、その利用者との関係を特別権力関係に準じたものと捉えることにより、特別権力関係に基づく制限と基本的人権制限の法理、特別権力関係内での紛争が内部の自律にとどまる場合と内部紛争の範囲を逸脱して法的紛争となる場合の区別等の法理の準用可能性を検討することが可能となるとする。

　同論文は、続けて、プラットフォーム事業者等に対し、物理的空間における既存の国家（執行権）ではなく、ネットワーク空間の利用者側からの、国民議会のような新たな統制の仕組みを構築する必要があるとして、第三者機関による監視、個人情報・法人情報の潜脱的な利用に対する規制、アプリケーション事業者への支配・差別的取扱いの禁止、プロファイリングによる不適切な誘導の抑止、プラッ

トフォーム事業者等による決定に対する法的救済の仕組みの導入，国際的な統制の仕組みの導入を具体的な方策として例示している。

　次いで，同論文は，行政情報化が物理的空間における行政活動をサポートするものとして情報システムが導入されることにより開始されたが，今日では，行政システム自体がある意味で情報システムとなっているとし，行政過程においても，情報は業務を行う職員間の連絡手段であるにとどまらず，通達・訓令その他の基準というかたちをとった「情報」によって行政職員の行動がコントロールされているとする。そして，情報の取扱いの各プロセスについて検討を行う。情報の収集については，社会のIOT化によって，私人の活動に対する調査方法がセンサー，防犯カメラ等の情報手段に移行しつつあり，立入調査についての規制，個人情報の本人同意原則が形骸化すること，収集された情報の他用途への転用をすべて遮断することは，いたずらに行政コストを増大させるので，情報共有の仕組みを拡大すべきことが指摘される。情報の選別・評価作業，裁量的判断については，いずれAIによるディープラーニングに代替されることになるであろうとし，センサー情報によるダイレクトな勧告，是正命令等が，行政職員の判断を経ずに，AIにより直接になされることになると，その場合の行政職員に残された役割は，AIの判断が裁量逸脱とならないかを監視することになる可能性があるという予測が示される。情報の管理・流通については，オープンデータ，ビッグデータの時代である今日，個人情報を匿名加工情報または非識別加工情報として官民を問わず流通させることが，今後の情報社会の高度化に不可欠になり，個人情報の流通については，従前，消極的・防衛的自己情報コントロール権の議論が中心であり，匿名加工情報についても，いかにして個人情報への復元を阻止するかに重点が置かれてきたが，個人情報がすでに財として流通していることを前提として，個人情報保護方策を講ずるべきであるとする。そして，個人情報の第三者提供を前提としつつ，その利用・運用について，利用者側ではなく，利用される個人の側からコントロールを行ったり，一定の報酬を得ようとする情報銀行の構想について言及がなされ，匿名化された個人情報を復元し，特定の個人を識別する可能性を，ビッグデータとして個人情報を利用する企業側ではなく，個人の信託を受けた事業者に独占させることにより，個人が自己情報の運用においてイニシアティブを維持できることが指摘される。さらに，ブロックチェーンの仕組みが，ネットワーク上の個人情報の流通のみならず，知的財産権など，フローしうるもの全体の統制に利用されていく可能性が示唆される。また，重要な情報の提供・利用自体を，事実行為ではなく，ある種の法的効果をもたらすものと捉えて，それに関する公法法理を，行政行為論と並行して構築する必要が生じており，行政

行為の義務付けよりは，一定の的確な情報を一定の時期に提供することの義務付けの方が，はるかに現実的なものとなりつつあるとし，行政機関は，規制権限を行使する前に，しばしば警告，勧告の形で当事者に情報を提供しているが，かかる情報の適切な時宜を得た義務付けにかかる法理が構築されるべきと主張される。

　同論文では，分散的管理を伴うブロックチェーンシステムや，膨大な数が市井の至る場所に配置されるであろう IOT センサー端末については，集中的管理ではなく，分散管理・エッジ処理ということにならざるをえず，製品端末の認証と同様の仕組みとなると考えられること，業務プロセスの流れは，情報システムにおいてリアルタイムに展開され記録されており，事後的にそれをフォローすることにより，業務の流れの追尾を金銭の流れのフォローよりも実効的に行うことが可能になることが指摘される。また，通信の秘密を絶対視することはもはや不可能になり，カウンターインテリジェンス等の必要性，不可避性を認めつつ，その濫用を防止する仕組みを設ける必要性，ネットワーク空間上で事実上の公権力を行使するプラットフォーム事業者と物理的空間における国家権力が対峙する場合については，両者の調整を行う国際組織の必要性が指摘される。最後に，ブロックチェーン民主主義の可能性について，プライベート・ブロックチェーンに関しては懐疑的な見方が示されている。

　多賀谷教授は，IT 技術やその発展動向に精通したきわめて稀な行政法研究者である。同論文は，かかる知見を踏まえて，情報化社会の進展に伴う行政法理論の変革の方向性を示したスケールの大きな論文である。同論文により示された多面的な論点についての研究を深めて，急速な行政情報化に対応した行政法理論の変革について探求することは，行政法学界に課された課題といえよう。

　山田論文は，近年のドイツにおける石炭火力発電所の水銀排出をめぐる議論の動向を検討し，同国における石炭火力発電所の将来を考えるものである。ドイツでは，現在でも総発電量の半分近くを石炭火力発電が占め続けているが，原子力発電の存続をめぐる政治情勢の混迷と，それに伴う安定電源の逼迫への不安，石炭火力発電のコストの割安感の拡大，大気汚染対策等に関する新技術の進展を背景として，10年ほど前から，各地で新たな大型石炭火力発電所の設置計画が相次いだこと，他方，温室効果ガスの排出への規制の強化により，石炭火力発電所の新設が困難になりつつあり，周辺住民・自治体や環境団体等による反対運動や訴訟の標的になっていることが最初に指摘される。

　その有名な例として，ダッテルン発電所新設のための地区詳細計画に対する規範統制訴訟において，ミュンスター高等行政裁判所が，気候変動等に適合したエネルギー政策を定めた州計画への違反を理由として計画を取り消す判決を下した

v

［行政法研究 第22号（2018.1）］

事件について解説がなされる。すなわち，そこでは，州の発展計画が気候変動への対応を目標として規定していることに着眼して，これに裁判規範性を読み込み，それを理由の一つとして，石炭火力発電所の新設が差し止められたことが説明される。しかし，同論文では，温室効果ガスの排出は，その効果がきわめて広域かつ長期に及ぶため，政治の場合においてはともかく，個別の施設をめぐる訴訟においてそれを主張することには困難が伴い，法的にも，火力発電所についてのインミシオン防止法に基づく許可において，温室効果ガスの排出規制をいかに反映させるかは未解決の問題であること，その影響もあって，近年，ドイツにおいて，石炭火力発電所からの水銀排出問題が注目を集めていることが述べられる。そして，水銀排出，とりわけ，それによる水質汚濁規制については，EU指令が立法化されており，それに依拠して，ドイツにおいて，原子力発電に続き，石炭火力発電からの離脱を目指す主張が展開されていることが指摘される。

　同論文では，次いで，2000年に制定されたEU水枠組み指令が，域内の河川域ごとに加盟国が策定する管理計画に規定される環境目標において，①加盟国が，原則として，すべての陸上水の状態の悪化を防止するために必要な措置を実施する義務を負うこと（「悪化防止要請」），②加盟国が，同指令の発効から15年以内（2015年末まで）にすべての陸上水の良好な状態を達成する目的のため，水質の保護，改善および浄化を実施する義務を負うこと（「改善要請」），③その前提として，水域ごとの現在の状態について，環境や化学物質等の観点からの格付けがなされること，④EUが指定した優先危険物質による汚染については，段階的に削減し，これらの物質の排出や負荷を終結させるか，または段階的に停止する目的のために必要な措置を講ずる義務を負うこと（「フェーズアウト要請」）について規定すべきことを定めていることが解説される。そして，これを受けて，EUが，2008年に水質規範指令を定め，水銀，カドミウム等を優先危険物質に指定したが，その削減のための具体的な措置について加盟国間の協議が不調になり，これらの物質の排出基準等は加盟国に委ねられた状態にあり，また，これらの物質削減のEUレベルの計画は未定であり，ドイツにおいても，水銀排出基準は存在するものの，フェーズアウト要請を受けた削減計画は定められていないことが指摘される。

　次いで，以上のようなEUの水枠組み指令やドイツの水管理法の規定に依拠して，環境団体等によりなされている主張について述べられる。すなわち，（ⅰ）河川等への水銀の排出を増加させることは，たとえそれが排出基準等を下回るとしても，「悪化防止要請」に違反すること，（ⅱ）ドイツの主要河川の水銀汚染は良好な状態とはいいがたいので，2015年末までに浄化しなければならず，さらに

vi

汚染することは「改善要請」にも抵触すること，(ⅲ) EU 指令は，優先危険物質の指定から20年間でフェーズアウトさせることを想定していると解すべきであり，水銀等の指定は2008年末にされているので2028年末がフェーズアウトの期限であり，したがって，2029年以降まで水銀排出を認める措置をとることはもとより，その時点でのゼロ・エミシオンを困難にする措置をとることも認められないこと，(ⅳ) 排出基準等を充足していても，上記の EU 指令等による諸要請を無視して水銀排出が不可避な石炭火力発電所の水利用を許可することは，法令違反または裁量権の濫用であることである。

　上記のような見解によれば，ドイツにおいては，石炭火力発電所の新増設が不可能になるのみならず，既存施設の維持すら困難になりかねず，また，その影響はドイツ国内のみならず EU 全域に及ぶため，連邦政府は異論を述べている。同論文は，次に，このような異論を紹介している。すなわち，(ア)「悪化防止要請」や「改善要請」は，政策目標にすぎず，具体的な許認可等の要件として援用されうるものではないこと，(イ)「悪化防止要請」における「悪化」とは，水質評価の段階を低下させることのみを意味し，すでに「不良」の状態にある河川等については，現状の悪化も許容しうること，(ウ)「改善要請」についても，石炭燃焼に関する現在の技術等に照らせば，水銀汚染にかかる指令が定める各種の基準を充足することは可能であるし，諸種の例外も定められているため，石炭火力発電所の設置の妨げにはならないこと，(エ)「フェーズアウト要請」についても，2028年末を期限とした水銀のゼロ・エミシオンの要請を読み込む解釈は，加盟国に過度の負担を課し「比例原則」に違反し，加盟国のエネルギー政策を過度に制約し「補充性原則」にも違反することが，異論として主張されていることが述べられる。

　同論文は，以上のような見解の対立を背景として，石炭火力発電所の設置を争う訴訟において，原告の環境団体が勝訴したトリアネル事件とモアベルク事件に関する 2 つの高等行政裁判所の判決について解説する。トリアネル事件判決は，動植物生息保護地域への影響評価に係る瑕疵を理由として，イムミシオン許可を取り消しているが，「フェーズアウト要請」については，2008年に水銀が優先危険物質に指定されたことは，フェーズアウトの方法まで定めたわけではないので，期間の起算点とはならないと判示したことが指摘される。他方，モアブルク事件判決は，「悪化防止要請」が単なる政策目標ではなく，法的許可要件であるとし，「悪化」とは，現状からの悪化のすべてを意味し，本件の悪化を例外的に許容することはできないとして，この要請違反を理由として，石炭火力発電所の設置許可を取り消したことが述べられる。そして，EU 裁判所が，「悪化防止要請」「改

vii

善要請」は，単なる政策目標ではなく，個別の許認可の要件となることを明言したこと，「悪化」の意味については，指令の規定する水質の段階的評価を前提とするものの，水質の総合的評価に関する段階評価の低下のみが「悪化」ではなく，個別の評価要素それぞれの段階評価の低下があれば「悪化」に当たるとしたこと，ある要素の現状が5段階評価の最下位と評価されるときは，それ以上の汚染は許容されないと判示したことが説明される。

　同論文は，次いで，2015年夏に出されたシュタウディンガー発電所をめぐるカッセル高等行政裁判所判決について紹介する。同判決は，石炭火力発電所の水利用のための許可を適法として取消請求を棄却しているが，同判決の結論には，既存施設の継続が争点となっている同事件の性質が反映しており，新設の施設については，異なる判断がなされる可能性もあることが指摘される。

　最後に，ドイツの石炭火力発電の将来は，温室効果ガス対策の観点のみならず，水銀排出規制の観点からも明るいものとはいえず，少なくとも施設の新設については，法的にはともかく，社会的には見通しはかなり厳しいこと，我が国も，水銀の排出については，水俣条約によってフェーズアウトが求められること，多くの欧州先進国が石炭火力発電の削減に舵を切れば，我が国のみ，技術の優位を主張して石炭火力発電所の新設等を継続することが長期的に可能か，それが国益にかなうのかを検討する価値があるかもしれないことが指摘される。

　同論文は，ドイツにおける石炭火力発電にかかる最近の判決を中心として，法的問題について精緻に分析したものであるが，ドイツにおける動向は，EU全体に影響を与えることになり，我が国も，他山の石とすべきであろう。

　三好論文は，経済と人口が右肩上がりであることを前提とした都市法制が，都市の縮退を背景として抜本的な見直しを迫られるという問題意識に基づき，持続可能な都市法制の在り方等について考察するものである。

　初めに，開発許可取消訴訟の原告適格について，開発許可に伴う不利益が問題になるのは，通常，開発区域の隣接地を中心とした一定範囲の居住者に限定され，当該居住者は，すべての許可基準の充足を条件として，当該許可に伴う不利益を受忍すべき地位にあると考えられることから，環境基準違反についても法律上の利益として原告適格を基礎付けると解すべきこと，自治体において民主的議論を経て決定された条例や環境関連の中長期計画がある場合，地域住民にはかかる地域的ルールを踏まえた適正な行政権限の行使により享受できる個別的な法的利益があることから，これが違法な行政決定により侵害された場合，地域住民には，当該決定を裁判上争う資格が認められるべきことが主張される。そして，違法な行政活動に伴って都市空間における多様な共同利益が侵害された場合の事後的な

司法統制について，当事者である住民のアクセスが排除されている現状は，都市法システムの機能不全といわざるをえないが，サテライト事件最高裁判決に鑑みると，判例の蓄積を待ったとしても，自然環境や生活環境に関する利益のような公私混合的な利益が法律上保護された利益と認められる可能性は乏しいので，まちづくり団体等に訴権を認める団体訴訟の立法論も検討課題であるとする。

　同論文では，次いで，開発行為に関する工事が完了したときは，開発許可の法的効果は消滅するという平成5年最高裁判決に疑問が提起される。そして，市街化調整区域における開発許可については開発工事が完了し検査済証が交付されても開発許可の取消しを求める訴えの利益は失われないとした平成27年最高裁判決の結論は妥当だが，平成5年最高裁判決を見直すべきであったと述べられる。

　同論文では，次に，土地利用規制と開発許可制度の課題について論じられている。初めに，我が国の都市法制が，土地所有権を偏重し，戦後の高度経済成長期における都市への人口，産業の集中を背景に，無秩序なスプロールをコントロールすれば足りるという前提で「開発行為」の概念と開発許可基準を定めていることが指摘され，その結果，「人の安全・健康などに関わらない快適などの価値を実現するための規制」は「必要最小限を超える規制で不可」という帰結がもたらされ，地域住民のアメニティ空間として親しまれてきた里山，その街特有の雰囲気，法律で文化財として指定されるほどではないものの，その地域にとって重要な伝統的建造物群が失われ，周辺住民が開発許可の取消訴訟を提起しても，原告適格がきわめて限定的にしか認められてこなかったことが批判される。そして，土地所有権は，本来連続した空間を人為的に分割した土地の上下の空間の支配権であるが，全体が一つの共同空間をなしている都市空間は，個々の利用が他の空間の利用に多様な影響を及ぼすことが不可避であるから，土地所有権の内容としての空間の利用は，各土地の置かれた自然的，社会的条件に応じて行われ，連続する他の空間との適切な調整と配分が必須であること，とりわけ，都市環境の保全のためには，土地利用に伴う外部不経済の発生を防止することが不可欠であり，そのためには，土地利用計画に基づいて適切な土地利用を早期に誘導する都市政策が重要となることが主張される。

　次いで，土地利用規制に関しては，都市，農地，森林といった特定の土地利用形態ごとに各省庁所管の個別法が存在しているが，都市計画法については適用対象区域が限定されている上，小規模な開発行為や建築行為を伴わない土地利用に対して規制ができないこと，農振法は里山などの農村環境自体の保全には不十分であること，農地法や森林法による審査には土地利用計画の観点が含まれていないこと等の限界があり，そのため，各個別法の規制の網をくぐり抜けた土地利用

ix

が拡散し，計画的なまちづくりの阻害要因になっていること，本来，これらの個別法に基づく地域指定の総合調整を期待される国土利用計画法は，十分な調整機能を果たしていないことが指摘される。そして，都市計画マスタープランも，抽象的，理念的な都市づくり構想を示すにとどまり，目指すべき具体的な都市像が住民にとって明確でなく，また，マスタープランには，それに基づいて用途地域が指定されたり建築行為や開発行為を規制したりする拘束力がないので，現実の土地利用との乖離が生じ，開発者等と周辺住民との紛争の一因となっていることが指摘され，本来，農業・森林地域のような非都市的土地利用規制が行われている区域を含めた総合的な土地利用計画とそれに準拠した土地利用規制を行うことにより，都市とその周辺部の地域全体にわたるコントロールが必要であることが主張される。

　同論文では，続けて，土地利用調整機能と開発許可基準に関連する問題点として，ランドスケープ・リタラシーが欠如し，土地利用と土地特性とが乖離している問題について述べられ，自然災害の潜在的危険性の高い地域への市街地の拡大を防止する対策を講ずる必要性が強調される。

　次いで，開発行為概念の拡大の必要性について論じられる。すなわち，都市への人口集中が以前より沈静化している現在，人口集中へのコントロール手段として開発行為概念を政策的に限定していた理由が失われる一方，区画形質の変更を伴わない既存土地利用の変更や建築物等の利用放棄等，既存の開発行為ではとらえられない現象が増大しているため，今後，成熟・縮退期の都市域の面的なコンパクト化と最適な環境を備えた市街地形成を進めるためには，地域の適切な土地利用計画に基づき開発行為に対する統制を強化していく必要があることが主張される。そして，開発行為の概念を拡大し，原則として地区計画の策定を条件として開発を認めるようにすべきこと，開発許可対象行為についても，地域特性に応じた条例による拡大，変更を許容すべきこと，建築基準法の集団規定と開発許可規定を統合すべきことが述べられる。

　開発許可基準については，各地域の自然的，社会的特性に応じた里山や環境農地の保全等に資する定性的基準を条例の定めるところにより弾力的に導入することを認める委任規定を置くこと，土地特性の個別的評価および開発計画が実施された場合における安全性の定量的把握のための防災アセスメントの実施を開発工事を行おうとする者に義務付け，都道府県知事にアセスメント結果の公表を義務付けること，河川に多大な負担をかける開発行為に対しては，保水・遊水機能の保持を都道府県条例により義務付けること等が提言されている。

　同論文は，今後の都市法制に不可欠な視点は，土地について，公共の福祉の優

はしがき

先および適切な利用を示した土地基本法の理念に立ち返って開発自由の原則を見直し，私有地であっても，土地所有者は当該土地の置かれた自然的，社会的状況に応じた利用をすべき内在的制約を負っていることを前提とした法制度と計画を確立していくことであるとする。そのためには，開発計画の段階で，地域における公益と私益，私益相互間の多元的調整機能が求められるため，開発許可制度を裁量的許可の仕組みに改め，社会的合意を得た都道府県および市町村の土地利用計画を踏まえ，開発行為等が地域空間に与える影響と利害関係を総合的に衡量しうる計画許可の仕組みとすべきとする。具体的な制度設計としては，建築確認申請に先立ち，市町村長による「土地利用適合審査」(仮称)を受けることを義務化することが提唱される。さらに，先導的な条例の規定を都市計画法に取り組む形で法改正を行うこと，各地域の自然的，社会的特性を踏まえた予測可能性の高い詳細計画をあらかじめ策定し，開発計画の段階で計画と土地利用との事前調整を可能とする仕組みを法制度化すること，そのためには，土地利用計画や規制基準を住民が参画しボトムアップで策定し，「地域のルール」として認知することが不可欠であり，住民組織等が作成した土地利用計画を都道府県知事が認定することにより，当該地域内の開発計画の審査基準となる旨を都道府県条例で規定しておくことが適切とする。そして，都市成長に伴うスプロール抑制を主眼とした全国一律の覊束的な許可に替えて，都市縮退時代の生活空間の多様性を前提とし，自治体の裁量を広く認める許可制度に転換すべきことが提言される。

　同論文では，以上の考察を踏まえて，都市縮退を見据えた都市法制の在り方について，より具体的な考察が行われるが，そこでは，(1)地域特性を活かした都市計画の視点，(2)総合的土地利用計画制度の導入，(3)住民参加を強化した都市計画手続が，3本柱になっている。

　(1)については，市町村におけるまちづくり計画等に基づく地域的合意を形成して，これに公共性を認めること，地域独自の土地利用計画に基づき，地域環境資源を共同管理する「現代的コモンズ」を法制度化すること，土地利用コントロールと地区計画をできるだけリンクさせる仕組みの導入を検討すべきこと，地区計画の決定・変更の段階で処分性を認めるべきこと，自治体において都市計画のプロフェッショナルたる人材の育成を主眼とした人事政策が必要不可欠であることが指摘される。

　(2)については，分散的集中型立地を進めるためには，基礎的自治体である市町村に対し，都市域および農山村域を通じた総合的視点から自律的に土地利用計画を決定する権限を付与し，都市空間の現状変更行為について，市町村による総合的管理の枠組みの下で，統一的判断を可能とする法的仕組みが必要になるので，

現行の市町村マスタープランに替えて，市町村全域の地域特性を踏まえた「市町村総合利用計画」（仮称）を策定し，同計画およびその下位計画である「地区詳細計画」への適合性を審査した上で，個別法に基づく申請に対する許否を判断できる仕組みとすべきこと，都道府県レベルの広域的計画については，都市計画区域にとどまらず，都道府県全域における土地利用計画としての都市計画マスタープランに再編すべきこと，その際，流域を単位として都市とその周辺の農村地帯を含めた「都市農村計画」として，都市的土地利用と農村的土地利用を一元的にコントロールする仕組みが考えられることが述べられる。

　(3)については，計画策定過程における合理的な意思決定を担保するためには，土地所有権の有無にかかわらず，多数の住民が，私的利害を超えて都市計画策定過程に実質的に参加できる機会が確保され，目指すべき地域像を行政主体と協働して考えることを通じて，市民自らも公共性を担う存在であるとの意識を持つことが重要であること，代替案ないし修正案の提出・選択または事業等の中止が可能な段階での政策情報の早期公開と課題の設定を前提に，住民等が行政と協議する合意形成の仕組みを法制度化することが適切であること，計画策定のための協議組織としては，「まちづくり協議会」の活用が考えられること等が指摘される。

　最後に，現行の都市法制は，少子高齢化に伴い中心市街地の空洞化，農林業衰退などが進む都市縮退期には実効性を欠くものになっていることを前提に，抜本的な見直しを行うことが急務であり，都市法制における住民自治と団体自治の理念の貫徹が不可欠であること，違法な行政活動を是正するための司法権の適切な発動が担保されなければならないことが強調される。

　三好論文においては，現行の都市計画法が，人口急増期に制定され，その後，対症療法的な改正を繰り返してきたものの抜本的な見直しが行われておらず，都市縮退の時代に適合しえなくなっていること，その見直しが喫緊の課題になっていることが多角的かつ説得力をもって論じられ，具体的な処方箋も示されている。都市法の研究者のみならず，まちづくりの実務に携わる国・自治体・NGO の関係者にも広く読まれるべき文献といえよう。

　高橋論文は，我が国の行政法学の体系化において，アメリカ行政法学における司法審査論とりわけ行政裁量論が大きな影響を与えることができなかった理由を，先駆者の研究業績やそこで参照されている文献を参考に検討するものである。

　初めに，我が国におけるアメリカ行政法研究の先駆者である山田幸男教授，橋本公亘教授が，アメリカ行政法における司法審査論や裁量論の研究の結果，それを我が国の行政法学に導入することの困難さを認識し，アメリカ行政法における行政手続の研究へと向かったと思われるとし，各先駆者の研究業績が詳細に分析

される。具体的には，鵜飼信成教授と山田幸男教授の司法審査論の研究は，司法
審査の範囲，具体的には「事実問題／法律問題」の線引きと「混合問題」に集約
していったが，これは当時のアメリカ行政法の動向と軌を一にすること，「混合
問題」を巡る判例が混乱していたため，我が国の行政法学に示唆を与える可能性
は低かったこと，鵜飼教授は，事実問題についても覆審的司法審査を可能とする
「憲法的事実」「管轄的事実」の概念を的確に把握されていたことが指摘される。
鵜飼教授の研究を発展させた橋本教授は，Landis, Dickinson, Jaffe らの見解に依
拠しつつ，「事実問題／法律問題」の区別の根拠を研究し，行政庁と裁判所の専
門性に根拠を見出したものの，それのみでは明確な線引きが常に明確に行えるわ
けではないことも認識していたこと，「混合問題」の概念による司法審査の範囲
の縮小の問題も的確に捉えていたこと，連邦行政手続法（APA）の制定によって
も，「混合問題」のリーディングケースとされる Gray 判決の理論は変更されな
いと論じていたことが述べられる。次いで，園部逸夫教授の研究では，「混合問題」
について，行政官と裁判官との間の相対的能力を重視する傾向がみられるものの
判例が一貫していないことが指摘され，杉村敏正教授が，「憲法的事実」「管轄的
事実」の概念の揺らぎを紹介したことにより，「混合問題」に関する判例法の不
安定さとも相まって，アメリカ司法審査論の我が国への導入にブレーキがかかっ
たであろうことが述べられる。

　また，杉村教授の自由裁量論の検討においては，アメリカの discretion 概念の
掘り下げた検討はされておらず，山田教授の自由裁量論においても，アメリカ法
の discretion 概念は考察の対象外になっていることが述べられる。もっとも，橋
本教授や園部教授は，司法審査の対象論において，当時の APA10条における司
法審査の除外規定に言及しているが，当時のアメリカにおいては，この点に関す
る判例の蓄積に乏しく，我が国でも，この点に関する解釈論に深く踏み込む作業
は行われていないことが指摘される。

　同論文では，次いで，アメリカにおける当時の状況について，APA 制定の前
後に分けて，司法審査論がいかに展開されたかの再検証が行われる。まず，
Dickinson および Landis は，「事実」と「法律」の区別が無意味であるとし，
Landis は「憲法的事実」や「管轄的事実」の法理が実質的証拠法則と相いれず，
行政機関の専門性は「法律」問題にも及ぶと指摘していたこと，他方，当時，連
邦最高裁は，実質的証拠法則を固めつつ，その例外としての「憲法的事実」や「管
轄的事実」の法理を採用する方向を示していたことが指摘される。さらに，1941
年に APA に関する法務総裁委員会最終報告書で，事実認定においては，専門的
で経験を要するものも，要しないものもあるので，事実認定を一括して扱うこと

[行政法研究 第22号（2018. 1）]

が疑問視されたことが指摘される。

続けて，APA制定後の1947年に出された法務総裁解説書の内容について解説した後，当時の連邦最高裁判例が検討され，その最大の特徴は「混合問題」を巡る諸判例の展開であるとされる。そして，Gray判決で「混合問題」の概念により司法審査に制約がかけられたこと，Hearst判決も，従前は「法律問題」として扱われた領域を「事実問題」として扱うアプローチをとったことが述べられる。Chenery判決については，混合問題の一例とする見方もあるが，同論文は，①裁判所は，行政機関が主張した根拠に基づいてのみ審査を行うこと，②裁判所は，行政機関によって主張された根拠以外に基づいて行政活動の妥当性を判断することはできないこと，③裁判所が行政機関によって主張されない理由に基づいて判断するならば，行政機関の排他的領域に踏み込むことになることという実体的審査の準則を示したものと捉えている。そして，Schwarts, Davis, Jaffeの学説が検討され，Jaffeが，連邦下級審裁判例の動向を踏まえつつ，行政機関に対して従前の政策からの逸脱や従前の政策との不一致に関する説明を裁判所が求める傾向にあることを指摘していたことが説明される。その後，1971年のOverton Park判決に代表されるhard look審査とよばれる厳格審査へ移行し，現在は，その負の側面が議論の中心になっていることが指摘され，Jaffeの先見の明が称賛される。

最後に，Overton Park判決以降，アメリカにおける司法審査の中心が，「混合問題」から「裁量」統制に移行しているように思われるとし，「混合問題」の概念を我が国の行政裁量論に導入することは，現在でも困難であるという見解が示される。

戦後，我が国の行政法学において，アメリカ行政法の比較研究が本格的に行われるようになったが，行政手続，情報公開等の分野で大きな影響があったのと対照的に，司法審査に関しては，我が国では，実質的証拠法則が，少数の個別法で法定された場合にその適用範囲が限定されたこともあり，アメリカ法の影響は少なかったように思われる。高橋論文は，その理由を我が国におけるアメリカ行政法研究の草創期に遡り，実証的に考察したものであり，アメリカ行政法における司法審査論と我が国のそれとの異同を理解する上で有益と思われる。

2018年1月

宇 賀 克 也

第22号

〈目　次〉

はしがき（宇賀克也）

◆1◆　**情報通信と行政法理論** ……………………………多賀谷一照… *1*
　　Ⅰ　は じ め に（*2*）
　　Ⅱ　情報通信と「法律上の利益」（*3*）
　　Ⅲ　情報空間と法的ルール（*7*）
　　Ⅳ　情報の管理と行政（*21*）
　　Ⅴ　お わ り に（*32*）

◆2◆　**水銀排出規制と石炭火力発電の将来**
　　　　──EU 水枠組み指令とドイツ── …………………山田　洋… *37*
　　Ⅰ　は じ め に（*38*）
　　Ⅱ　EU の水枠組み指令（*40*）
　　Ⅲ　石炭火力発電への影響（*42*）
　　Ⅳ　水銀排出訴訟の登場（*45*）
　　Ⅴ　悪化防止要請の展開（*47*）
　　Ⅵ　フェーズアウトの将来？（*49*）
　　Ⅶ　むすびにかえて（*51*）

◆3◆　**都市縮退時代における都市計画法制の転換**……三好　規正… *53*
　　Ⅰ　は じ め に（*54*）
　　Ⅱ　開発許可取消訴訟の原告適格と訴えの利益（*55*）
　　Ⅲ　土地利用規制と開発許可制度の課題（*75*）
　　Ⅳ　都市縮退を見据えた都市法制のあり方（*92*）
　　Ⅴ　お わ り に（*112*）

xv

［行政法研究 第22号(2018. 1)］

◆4◆ アメリカ司法審査論の導入とその限界 ………… 高橋　正人… *115*

はじめに (*116*)

Ⅰ　我が国の先行研究から見たアメリカ司法審査論の限界 (*117*)

Ⅱ　アメリカにおける司法審査論の展開（1）
　── APA 制定前 (*130*)

Ⅲ　アメリカにおける司法審査論の展開（2）
　── APA 制定後 (*136*)

Ⅳ　むすびにかえて (*145*)

執筆者紹介 （掲載順）

多賀谷一照 （たがや　かずてる）

獨協大学法学部教授

東京大学法学部卒同大学院博士課程単位取得退学，法学修士

〈主要著作〉『行政とマルチメディアの法理論』（弘文堂，1995年），『マルチメディアと情報通信法制』（共著，第一法規，1998年），『要説個人情報保護法』（弘文堂，2005年），『詳解逐条解説港湾法』（第一法規，2012年），『入管法大全』（共著，加除出版，2015年）

山 田　　洋 （やまだ　ひろし）

一橋大学大学院法学研究科教授

1982年，一橋大学大学院法学研究科博士後期課程中退。西南学院大学教授，東洋大学教授を経て，現職。博士（法学）

〈主要著作〉『大規模施設設置手続の法構造』（信山社，1995年），『ドイツ環境行政法と欧州』（信山社，1998年），『道路環境の計画法理論』（信山社，2004年），『リスクと協働の行政法』（信山社，2013年）

三 好 規 正 （みよし　のりまさ）

山梨学院大学大学院法務研究科教授

1985年早稲田大学法学部卒業，愛媛県庁勤務。神戸大学大学院法学研究科公共関係法専攻修了。2005年より現職。博士（法学）（神戸大学）

〈主要著作〉『流域管理の法政策』（慈学社出版，2007年），「持続的な流域管理法制の考察～公物管理法制，土地利用規制および住民協働の視点から」『阿部泰隆先生古稀記念　行政法学の未来に向けて』（有斐閣，2012年），「水循環基本法の成立と水管理法制の課題（1）～（3）」自治研90巻8号～10号（2014年），「条例制定権の活用と都道府県の組織・人材育成のあり方－現状と課題」月刊地方自治815号（2015年）

高 橋 正 人 （たかはし　まさと）

静岡大学人文社会科学部准教授

2007年東北大学大学院法学研究科博士課程単位取得退学，2010年より静岡大学人文学部准教授を経て現職。博士（法学）

〈主要著作〉「本案審理前における謙譲的法理の展開（1）（2・完）」法学（東北大学）72巻2号，同4号，「法律・事実・裁量（1）～（3・完）」静岡大学法政研究17巻2号，18巻3＝4号，20巻2号，「行政規則の外部効果に関する一考察」静岡大学法政研究20巻4号

◆ 1 ◆

情報通信と行政法理論

多賀谷一照

I　は じ め に
II　情報通信と「法律上の利益」
III　情報空間と法的ルール
IV　情報の管理と行政
V　お わ り に

［行政法研究　第22号（2018.１）］

I　はじめに

　我が国の行政法理論は，大陸法の影響を受けて，規制行政を前提とする「行政行為」論をその法理論における基本概念として用いている。「行政行為」は，当事者の合意ではなく，法律に基づく行政庁の一方的な行為によって法的効果が発生するとするものである。

　ここでいう「法的効果」とは，国民の権利・義務に直接影響を及ぼすことを指しており，ドイツ法に由来する「法規」概念を淵源とするものである。もともと，民法の法律行為概念に対比して構築された概念であるために，元来は私法上の財産権に影響を及ぼす行為が主として想定されていた。しかしながら，行政庁による，法律に基づき行われる公的自由の制限（例えば，道路交通法による運転免許制度による，公道上を車で走行する公的自由の制限）についても，国民が有する基本的人権の行使にかかる法的地位・利益に影響を与えるものとして，法的効果を発生させる行政行為に含まれるとされている。

　翻って，行政による情報通信活動について見ると，行政による情報の提供，公表などは，それ自身としては法的効果を持たない事実行為に属するものであるとして扱われてきた。告知・送達なども，行政行為が成立したことを伝達する手段であり，それ単体によって法的効果を生じるものではないとされてきた。行政指導も，相手方に一定の情報を与える「観念の表示」の一種であるとされ，行政行為性を否定されてきた。制裁的公表や行政指導により私人が多大の影響を受けたとしても，それは法的効果ではなく，事実上の効果であるとされ，国家賠償請求訴訟の対象にはなりこそすれ，取消訴訟によって取消しうべき法的効果を生じるものではないとされてきたのである。

　しかしながら，物と情報の区別が曖昧となっている IOT（Internet of Things）の時代である今日，情報がもたらす効果を公法秩序の蚊帳の外に置き続けることは限界に来ている。私法の分野においては，情報通信の役割は当初，物理的空間における財の取引にかかる契約の勧誘（広告など），契約の締結における意思の表示の手段（オンライン取引），金銭価値にかかる媒体（貨幣）の電子化等に限られていた。しかし，財が物理的空間上の存在のみならず，映像コンテンツなど情報空間における存在としても成り立つようになってくることにより，情報通信を用いて流れる情報は法律行為の手段に留まらず，情報財契約として契約の内容を構成するようになってきている。

　本稿は，このような意味において，情報通信が行政法，行政行為論に及ぼす影

響について論じるものであり，それに加えて物理的空間における「規制」が情報通信の形造る情報空間においてどのように変容するか，ネットワーク上の情報の流れとその管理の法的捉え方について試論的な考察を行うものである。

II　情報通信と「法律上の利益」

　行政法は，行政事件訴訟法9条に定める取消訴訟の原告適格を，処分の取消につき「法律上の利益」を有する者に限るとしており，そこでいう「法律上の利益」とは，元来個別の法律により保護された利益をいうものとされてきた。今日，法律上の利益は同条2項により拡大的に解釈されているが，いずれにせよ私人の財産権侵害のように私権に直接かかわる場合を除いては，当該「法律上の利益」が個別の法律により保護されているか否かが，取消訴訟の対象可能性，処分性の範囲に大きく関わってくる。

　情報通信にかかる活動ないしは地位が法律上の利益とされる場合がないわけではない。例えば，個別の公文書について具体的な権利・利益等のかかわりを有しない県民は公文書の閲覧拒否処分の取消訴訟を提起する法律上の利益を有しないとする原審[1]に対し，県公文書公開条例は県民一般に県の行政に利害関係を認め，公文書の閲覧等をすることにつき個別的請求権を付与するものであり，開示拒否処分は行政処分であるとする高裁判決[2]は，公文書公開条例により情報の開示について「法律（条例）上の利益」が与えられると解している。

　同様に行政機関の保有する個人情報の保護に関する法律は，行政機関が保有管理する個人情報について，当該個人に閲覧・訂正・提供停止等請求権を認めており，個人情報の管理・利用等が当該個人の（自己情報コントロール権という）法律上の利益に繋がるものであることは今日疑いのないものとなっている。

　また，営業秘密など法人に関わる情報を行政機関が保有している場合には，当該情報を開示することは，情報公開法における不（非）開示事由に該当するとされ，開示に関する執行停止などの逆訴訟が可能とされる限りで，法人の情報に係る利益は法的保護の対象となっている。

　しかしながら，これらの情報にかかる保護利益は，あくまで情報公開法など個別の法律により保護されている限りで保護の対象となっているものであり，情報にかかる利益が，物理的空間にかかる法的利益（財産権など）のように，概括的

（1）横浜地判昭和59年7月25日判タ530号260頁。
（2）東京高判昭和59年12月20日判タ541号283頁。

に法的保護の対象となっていることを前提とするものではない。

　行政法以外の法分野において，情報がいかなる範囲で法的保護の対象となっているかを見ると，まず，個人に関する情報は人格権に係るものとして，私法上保護の対象となっていることは敢えて述べることを要しない。これに対し，個人情報以外の情報一般の財産法的保護については，著作権法・特許法が著作物・特許を構成する情報を法的保護の対象としている。ただし，知的所有権の対象となる情報は，情報のごく一部に留まり，いわゆる「ファクト情報」は保護の範囲外に置かれている。

　刑法において保護の対象となる情報は，電磁的公正証書，人の権利・義務等にかかる電磁的記録，支払いカード電磁的記録であり，情報（電磁的記録）が一般的に保護の対象というわけではない。電気とは異なり，情報は財物とは見なされておらず，媒体を持ち出すことなく，持参したUSBに秘密情報をコピーして持ち出しても，財物窃盗には当然にはならないとされてきた。

1　情報通信自由の原則

　このように情報が一般的・概括的には法的保護の対象とならないのは，情報の通信が元来自由なものであり，情報は私的権利として占有の対象とならないという原則に起因しているということができる。

　情報の不特定多数への発信は，表現の自由として憲法21条によって基本的人権に属するものとされている。私人間の通信の秘密は，検閲をしてはならないとして保護されている。そこにおいては，情報の発信，個人間の通信は，「公的自由」として保護の対象となるのであって，道路の通行と同じように，必ずしも私権・財産的権利として保護されるものではない。その創造性から知的財産権として保護される著作物も，元来「パブリックドメイン」に属するものであり，物に関する所有権のように絶対性を持つものではなく，フェアユースの法理により，その絶対性を制限されている[3]。

　情報公開法制が典型であるが，情報の自由原則は，情報を隠ぺいするのではなく，情報を白日の下にさらす方が善であるという前提に立っている。スノーデン事件に現われたように，政府がことさらに秘密にしてきた情報を暴いて市民の監視下に置くことの有意義性を前提にするものである。

（3）なお，映像情報の提供は，民間放送については無償で提供されているように見えるが，実際はスポンサーによる広告費で支弁されている。また，NHKの放送サービスについては受信料が実質対価として徴収されている。

1 情報通信と行政法理論〔多賀谷一照〕

また，公費を用いて作成された情報が，特定の事業者に対し無償で提供され，こ
れ等「無償の」公的情報を得た事業者は，それを加工・編集して利用者に対し有
償でサービスすることがある。のみならず，行政の情報は開示請求を待たず，情
報を積極的に公開することが原則であるとされており，行政機関の保有する電子
データにかかる公開を原則とする「オープンデータ原則」が謳われている(4)(5)(6)。
　確かに，個々人による情報発信の自由は，人権として尊重されるべきである。
他方，事業者など団体による情報発信については，当初は非営利的システムとし
て誕生したインターネットは，今日，情報の活用を主たる事業内容とする事業者
（マイクロソフト，フェイスブック，グーグルなど）が，巨大な経済的利益を上げる
システムとなっており，それらの事業者の経済活動が，社会的格差の原因となっ
ているとして批判されていることも紛れもない事実である(7)。時としてネット
への書き込みが個人に対しいわれのない中傷を含む場合，それについて規制をす
る仕組みを政府等が作ろうとすると，ネットの事業者は情報通信の自由を理由に
反対する。そこでは，情報通信自由の原則は，一般私人の自由・法的利益を犠牲
にして，これらの事業者による情報通信自由の特権を結果として擁護しているこ
とになっていることは否めない(8)(9)。

（4）オープンデータについては，参照，宇賀「オープンデータ政策の展開と課題」季報情報
　　公開・個人情報保護63巻58頁以下。
（5）参照，拙稿「行政情報とその商業的利用」『行政とマルチメディアの法理論』（弘文堂，
　　1995年）134頁以下。
（6）行政機関が作成した情報が，経済的利益の対象となり得るものであっても，それを作
　　成するコストは国民（住民）の税的負担に基づいているものであり，それを行政自身の
　　固有の利益の対象とすべきではないという建前がそこにはある。例えば，気象衛星ひま
　　わりによって得られた気象情報を，放送事業者や民間の気象予測事業者に提供する場合
　　などにおいて，国はこれらの事業者に対し，気象情報を提供するいわば卸売事業者とし
　　ての立場に立つわけであるが，卸売事業者としての十分な対価を取ることはしばしば困
　　難である。
（7）キーンによれば，それら事業体は出版，写真，新聞などの既存の事業体を破壊し，そ
　　れらの事業体に雇用されてきた膨大な人数の被用者の職を結果として奪い，社会的格差
　　を拡大している面もあるとする。アンドリュー・キーン『インターネットは自由を奪う
　　――〈無料〉という落とし穴』中島由華訳（早川書房，2017年）。
　　　トランプ政権の誕生は，従来の製鉄，自動車生産などの製造業に従事してきた雇用者が，
　　生産過程の情報化やサービス産業への重点の以降により，その職を失ったためであると
　　言える。第4次産業革命は，自動車の製造過程をIT化し，自動車産業からも雇用を大
　　量に奪うことになる可能性が大であり，わが国の産業構造にも変革を迫るものである。
（8）1996年に米大統領の署名によって成立した未成年者に対するわいせつな表現などを規
　　制したCDA（通信品位法：Communication Decency Act）は違憲訴訟により，表現の自
　　由を侵害するものであるとして裁判所に否定された。
（9）庄司克宏編『インターネットの自由と不自由』（法律文化社，2017年）。

5

2 情報と管理可能性

情報に法的保護利益が認められない理由としては，情報が容易にコピー可能であり，コピーされても元の情報は無くなることはないことから，物とは異なり排他的占有が困難であることが挙げられる。しかるに，情報のこのような特質を改め，その保有者による管理を可能とするために，

—— 情報に暗号処理をして，第三者には判読困難とする

—— イントラネットにしたり，アプリケーションとしてのファイヤーウオールを設定したりして，外部・第三者がネットワークに入り込めないようにする

などの技術的防護手段が講じられるようになりつつある。

このように技術的防護手段によって保護された情報については，それを敢えて破ってデータを複製することは著作権法上違法であり [10]，電子計算機のアクセス制御機能を解除して不正アクセスを行うことは不正アクセス行為の禁止等に関する法律により処罰される。

3 効果の継続性と忘れられる権利

行政行為は，身体・財産への強制を伴う即時強制などの事実行為とは異なり，私人に対し規範命令を行うものであり，その規範命令は継続的効果を有するものであることが多いこと，それ故，その効果の遡及的取消を求めるものとして取消訴訟の制度があるとされてきた。このような意味での，規範的命令性，効果の継続性は，伝達されることでその役割を終える情報には一般的ではなく，それも情報関連行為と行政行為との異質性を示すものであるということができる。告知・送達として，規範命令が情報として私人に伝えられることはあるが，ファクト情報が私人に通知されたからといって，私人に対し，（伝えられる規範命令以外の）何らかの法的な命令，義務が生じるわけではない。情報提供に単独で行政行為性が認められるのは，納税の督促や代執行の戒告など，物理的空間での権利・利益侵害に連動している場合に限られるとされてきた。

このような建前は，情報が瞬発的・一時的な効果を有するに過ぎず，発せられたとしてもその効果は継続せず，いずれ忘れられるものであることを前提としている（人の噂も75日）。しかしながら，今日においてネットワーク上に展開されたツイッターなどの SNS で発せられた書込みは，瞬時に消滅するものではない。たとえ書き込んだ者が削除したとしても，他の者がミラーリングにより転写する

---

(10) 2条1項20号，30条1項2号。

などして，誹謗・中傷を内容とする書き込みが，後々まで保持されかねない。

　行政機関が一定の個人情報を保有している場合，その削除・提供停止を求める権利が行政機関個人情報保護法では認められている。また，EUにおいてグーグルに対し忘れられる権利の主張が認められていることは，権利請求の相手方が行政機関ではなく，民間の通信事業者であるという違いがあるものの，情報の記録が継続的効果を有するものとして取り扱われ，その取消・撤回が法的な請求の対象たり得ることを示すものである(11)。

　以上のことから
　――情報自由の原則の建前の下，実際には情報の流通は経済的利益を伴うものとなりつつあること，
　――情報流通の自由という建前の下，情報の流通は時として私人の利益を著しく侵害することがあり，その効果は一時的ではなく継続することもあること，
　――また，情報技術の進歩はそれを抑止・改善する方策を生み出していることなどが明らかになった。したがって，これらの事実，与件を法的に評価して，情報の流通・利用に関し，法的保護の仕組みを作る環境は揃って来つつあると見ることができよう。

Ⅲ　情報空間と法的ルール

1　通信キャリヤとプラットフォーム事業者

　情報通信が物理的空間と対比しうるような情報空間，ネットワークを構成するためには，通信回線を経由して情報が流れることが必要である(12)。

　通信回線は，モノの場合の道路運送・鉄道運送・航空運送などと同じように，情報を運ぶ運送システムであり，物理的回線（電気通信設備）を敷設して，通信サービスを提供する「キャリア」「コモンキャリア」である通信事業者により提供されてきた。通信回線としては，有線（メタルケーブルや光ファイバなど）と無線周波数とからなるが，無線回線については周波数調整の必要性等から，今日でも無線局免許を受けて利用するという体制となっている。他方，有線回線については

---

(11)　忘れられる権利については，中島美香「検索サービスと忘れられる権利」『情報ネットワークと法律実務』（第一法規，2016年）所収。なお，参照，最三小判平成29年1月31日裁判所時報1669号1頁。

そのような規制はないが，いずれにせよ，両者とも物理的空間に存在する回線であり，それを管理して電気通信サービスを業として行う事業者（他人の通信を媒介する）に対しては，規制官庁は公益的事業として電気通信事業法に基づき公権力的規制を加えている。

　しかしながら，通信ネットワークはこのようなキャリヤが提供する物理的回線ネットワークからのみ構成されているわけではない。物理的ネットワークの上に，それを借りて論理的ネットワークもしくはプラットフォームを提供するプロバイダ等の事業者が存在する。これら事業は，航空運送の場合，航空機を保有して物理的な運送を担う事業者と並行して，いわゆるパック旅行サービスを提供する利用運送事業者と同じように，物理的ネットワークの上に論理的ネットワークもしくはプラットフォームを構築し，その上で最終利用者による通信サービスの利用など様々なサービスが行われている(13)。通信ネットワークの場合，事業の階層はキャリヤとプロバイダの二階層ではなく，プラットフォーム事業者，プロバイダ等が複数の階層を構成し，物理的通信の層からアプリケーションの層までメタ構造になっていることもある。

---

(12) 通信回線を通して情報が公衆に流れる方式としては，一方向型に情報が流れる場合と，双方向的に情報が流れる場合とがあり，長い間，前者は「放送」として，後者は「通信」として法的規律において異なる取り扱いを受けてきた。

　　「放送」は送信用アンテナを通じて広く一般公衆に同一の情報を流すものであり，物理的空間における新聞・雑誌といったマスメディアと同種のもので，情報ネットワークで何らかの付加的情報が加わるというものではなく，放送はいわば伝播のための手段に過ぎない。そのことから，その仕組みはマスメディアとして，物理的空間における新聞・雑誌と類似の法制度の下に置かれてきた。これに対し，「通信」ではネットワークを介して双方的に情報がやり取りされ，ネットワーク上で人と人とのやり取りが新たに行われ，付加価値が生まれ，ある種の法的関係が構成される。また，通信は元来が通信主権として国の独占に属する分野であったが，公社制に移行し，民間事業者の参入を認める（1984年）など，徐々に規制緩和が進行してきており，そこから，ネットワーク回線を業として提供する者，それを用いて上乗せ的にサービスを提供する者，提供されるサービスの利用者との間に，多面的・重層的な情報交換がなされ，新たな社会空間としてのネットワーク空間が構成されつつある。

　　したがって以下では，通信回線により構成されているネットワークからなる情報通信空間を記述の対象とするが，インターネットの普及と大容量の光回線の導入による「通信」と「放送」の相対化は，放送と通信という異なる制度の維持の必要性を徐々に失わしめていることは敢えて論じるまでもない。なお，参照，拙稿「放送と通信の区別」塩野宏古稀記念『行政法の発展と変革』下巻745頁。「情報法と公法と私法の区別」獨協法学89号57頁以下。

(13) プロバイダは，特定の用途に限定して通信サービスを提供する場合もあるが，汎用的に様々な用途に用いられるプラットフォーム的な役割を果たす事業者が増えてきている。プラットフォーム事業者としては，今日，フェイスブック，アマゾン，アリババ，テンセント，グーグルなどを挙げることができる。

これら論理的ネットワークを構築するプロバイダ・プラットフォーム事業者についても，規制官庁は「電気通信事業者」として捉え，これに法的ルールを課してきたが，物理的な回線との距離が相対的に遠いことから，その規制には限界があり，1984年の事業法制定当時から第二種電気通信事業者として，原則届け出制に留めることとされてきた（大規模な事業者については，例外的に規制）。一種，二種の区別についてはその後廃止されたが，これは通信事業への規制が全体として緩和されたためであり，二種事業に対して規制が強化されたわけではない[14]。他方，放送事業を含む映像コンテンツの流通については，表現の自由の法理との関係から，公権力による規制は限定的なものとなっている。我が国の場合，放送事業者は電波法による周波数免許の規制を受けているが，放送法は放送事業者に対し，直接事業規制を行う建前となっていない。

物理的ネットワークもしくは論理的ネットワークとその上で展開される，これ等情報通信サービスに関する法的ルールについては，サービス態様が変動中であり，なお不分明である部分が多いが，事業者間の関係である場合（BtoB）とエンドユーザーの利用が関わってくる場合（BtoC）で大きく区分され[15]，それぞれ次のような特徴を有しているということができる。

第一に，ネットワークの下層を構成している事業者（ネットワーク設備事業者・プラットフォーム事業者）と，より上層でアプリケーション通信サービスを展開している事業者との関係については，後者が前者に依存する関係（設備等を依存するという意味で）にあることから，後者が前者に支配されることになりかねない。また，プラットフォームと上層のアプリケーションサービスを併せ提供する，いわゆる垂直統合的に事業を行う者が存する場合，上層部でのみサービスを行う事業者は不利な立場に立たされる可能性がある[16]。このため，規制官庁は，前者について競争阻害的な行為にでないように特別な規制を加えたり（非対称規制），後者が前者と接続するときに不利益を被らないように接続規制を行ったり，サービス・システムを構造分離することを求めたり（アンバンドリング）するなど，競争法制的な規律がなされてきた。

---

(14) 一種，二種の区別は，2004年に廃止された。
　　　そもそも一種二種の区別は，電気通信設備を自ら保有しているか否かに着眼しての区別であり，電気通信設備を管理せず，論理的ネットワークを張る事業者が重要な役割を果たすようになるにつれ，このような区別をする意味が相対的に薄れてきたのである。
(15) もっとも，事業者間の関係といっても，ネットワーク上の事業者は巨大企業ではなく，個人でもあり得るのであり，その限りで BtoB と BtoC の区別は相対的になっていることに注意しておく必要がある。
(16) 垂直統合的事業者の典型としては，アップルが該当する。

［行政法研究 第22号（2018. 1）］

　インターネットの回線が定額制で提供されていることを利用して，大容量の動画像の伝送を行うユーザー等に対して，ネットワーク設備事業者が従量制を一部復活したり，速度制限を掛ける動きに反対してなされる，いわゆる「ネットワーク中立性」の確保もこの意味での競争法的な規制の一つということができる[17]。また，最近ではビッグデータを巨大なプラットフォーム事業者が寡占することについての競争法制の適用が問題となりつつある。

　これに対し，第二の場合，エンドユーザーが関わってくる場合（BtoC）においては，エンドユーザーが直接対峙するのが最上層のアプリケーションサービス事業者やプラットフォーム事業者であり，物理的回線を提供する事業では概してないことから，そこには，物理的空間における規制官庁のコントロールが十分に及ぶとは限らない。また，そこでは様々な形態の電子（商）取引が行われ，業種ごとに物理的空間と同種の規制を受ける，もしくは規制から自由なサービスが展開されている。

　このような事業者と消費者の関係は，BtoC の関係として消費者法制の分野であり，物理的空間における製品・サービスの購入・利用にかかる約款法制などと同様の構造を持っている側面からして，物理的空間と同様のルールを適用すれば足りるように見える。個人情報保護法による個人情報取扱事業者の規制，特定商取引法による規制などは，この意味での業法的もしくは業横断的な規制を行う面を持っている。しかしながら，事業者が提供するアプリケーションを利用する関係は，物理的空間における約款に基づく契約と異なっている面も多い。

2　BtoC とネットワーク上の関係の特殊性

　情報のやり取りがされるインターネット空間は，物理的空間における道路などの公共空間のように安全性が整備され保証されているとは限らず，利用者はアンチウイルス等のセキュリティソフトを利用せざるを得ない。また，相対で契約し，実印を捺し，契約書を手渡しで交換することもできないので，電子署名やハッシュ関数といった暗号技術に頼らざるを得ない。

　ネットワークを通じて提供される猥褻画像等に対し，我が国の法制は，通信の秘密を（欧米諸国と比して）過度に保護することから，公権力的な規制が十分には及ばないこともあって，それらの未成年者への提供を遮断したり（ブラックリ

---

(17) ネットワーク中立性は，FCC がルールとして提示しているものであるが，通信事業者は FCC がそのような規制権限を有していないと反論している。トランプ政権は，ネットワーク中立性の規制に批判的な立場を取っているようである。

スト），安全なサービスを精選して提供する（ホワイトリスト）ようなフィルタリングサービスを行う事業者も存在する。

　本人性の確認，住所・居所の確認，時刻など，物理的空間では長年通用し社会的ルールとして確立している，或いは公的機関により整備されている（計量法，住居表示に関する法制度など）ルールも，ネットワーク空間では，プラットフォームを通じて民間事業者によりデファクト標準として提供されていたりする[18]。

　また，アプリケーションサービス事業者は，クッキーやアドワース広告を利用したり，その他トラッキング（監視）機能を用いたりして，エンドユーザーである個人のプロファイリング情報を取得し，個人のネットワーク上での行動を管理する方向に進む傾向がある。SNSサービスの場合においては，サービス提供側は，トラッキングを用いて利用者のプライバシー，性向を悉く知り，管理することがしばしばであり，利用者はそのサービス提供側から包括的に管理・コントロールされている関係になることが少なくない[19]。

　個人情報保護法制により，このような個人情報の利用・提供に歯止めを掛け，自己情報のコントロールを回復・確立させようとする仕組みが設けられているが，必ずしも十分とは言い難い。

3　技術的制約とアーキテクチャ論

　そこでのサービスは，人や物理的空間における営造物（工作物）によって提供されるのではなく，提供にかかる相手はコンピュータであり，ネットワークを通じて提供が行われる。契約などの法的効果を伴う行為を行う場合においては，相手方はコンピュータであり，コンピュータもしくはクラウドにインストールされたソフトウエアを媒介として契約が行われうる。人が相手であれば，提供者との間の会話を通じて契約関係の詳細が詰められることもあるであろうし，工作物や製品の利用であれば，利用者はその操作・取扱いを通じて，自己の便宜に合うように調整することができるかも知れない。これに対し，コンピュータが相手の場合には，利用関係のあり方は，予め設定されたプログラムによって技術的に定められており，相手方との相対のやり取りを通じて，詳細が詰められるということにはならない。

　このような形態を，「CODE」による技術的制約であるとしたり，アーキテクチャ

---

(18) 住所に相当するドメインネームは，アメリカの非営利法人 ICANN によって提供されている。本人性の確認にかかる電子署名は，電子署名法により民間の事業者が提供することとなっている。また，時刻もタイムスタンプ事業者が提供している。

(19) ブルース・シュナイアー『超監視社会』池村千秋訳（草思社，2016年）。

によるコントロールであるとして，意思・言語コミュニケーションを前提とする近代法からの逸脱であるとする議論がなされている[20]。すなわち，近代法における法規範は，私人たる個人に対する規範的命令であって，その規範的命令に自発的に服従するか否かは私人の自由であり，服従しない場合には刑罰等によるサンクションが用意されている。このような私人の自由意思を前提とする法規範とは異なり，コンピュータのCODEにより課せられる制約は，服従を拒否する自由もしくは裁量余地を許さないものであり，法規範と異なる性質を持っているというのである。

　このようなネット空間におけるCODEにより課せられる規制を，政府による規制に代わる自主規制（self-regulation），共同規制であると位置づける論調が最近示されている[21]。ちなみに，映像コンテンツの伝送の伝統的な手法である「放送」については，BPOによる自主規制が行われている。また，草の根マイナーによるチェック体制を取るブロークチェーンの技法に基づく仮想通貨，ビットコインが活用されてきているが，これもある意味共同規制的な仕組みとしてみなし得るかも知れない。

　しかしながら，共同規制，自主規制という表現を用いているといっても，CODEはプラットフォーム事業者等が一方的に課す条件であり，それに利用者は従わざるを得ない。プロバイダがヘイトスピーチであり，違法な書込みであると判断して一方的に削除した場合でも，書込みをした者は事前に抗弁することは必ずしもできず，プロバイダ責任制限法により不法行為責任を問えない場合がある。また，利用者側に身に覚えがないにも関わらず，データ容量が制限を超えたという理由で，事業者がスピード制限を掛けることもある。このような場合において，プロバイダ側が行使する権力は，一方的・公権力的規制と事実上は変わりないということができる[22]。

　私見によれば，プロバイダ・プラットフォーム事業者は，物理的空間における公権力に代わって，ネットワーク空間において公権力的な役割を果たし得るものである。いわゆるプロバイダ責任制限法は，プロバイダによる，発信者の同意なくしての書込みの削除についてプロバイダの免責を定めるものであるが，そのこ

---

(20) 成原慧『表現の自由とアーキテクチャ』（勁草書房，2016年），寺田麻祐『EUとドイツの情報通信法制』（勁草書房，2017年），松尾陽「規制形態論への前哨」近代法学60巻1号119頁。

　　なお，「CODE」については，レッシグ（Lawrence Lessig）による一連の著作に端を発しているとされる。しかしながら，レッシグがそこまでアーキテクチャ論を展開しているかは疑問であり，議論はむしろ日本で盛んに展開されている。

(21) 生貝直人『情報社会と共同規制』（勁草書房，2011年）。

とは，プロバイダに対し，（不同意の場合，裁判所の事前関与があるとしても）一方的な決定権限を認めるものであり，プロバイダに行政と類似の公権力的な権限を認めることを，国家権力が容認したものであるということができる。

このように，CODE・アーキテクチャによる規律を，ネットワーク空間において物理的空間における公権力に代わって事実上公権力的な規制を行う仕組みであると捉えるとすると，情報通信自由の原則は，プラットフォーム事業者に認められる自由という意味では，もはや維持するべきではなく，そのような実質公権力的コントロールが恣意的になされ，私人が不当・不法にコントロールされることのないように法的な規制の仕組みを掛ける必要があるということになる。そのような規制について，物理的空間における公権力に対する既存の行政法的なコントロールの仕組みが利用・準用しうるのか，利用できないとしたらどのような修正が必要であるかということについて以下論じる[23]。

4 アーキテクチャ論と行政法制

翻って公法学，とりわけ行政法学の立場からこのような議論について付言すると，そもそも公共団体の公権力の行使にかかる法理論である行政法は，法律関係における対等当事者関係に対する例外にかかる法分野である[24]。当事者間の対等なやり取りにより法的関係が構築される私的自治領域に対し，

—— 公益的必要性により外枠からの規制を加える侵害行政が存在すること，

—— そのような侵害行政・規制行政が逸脱的・恣意的に行われることがないように，他律的な規制を「法律による行政」として掛けること

が行政法の役割である。また，そのような決定について，事前聴聞や弁明の機会などの手続的な縛りを掛けるのが英米法の行政手続法制である。ちなみに，この

---

(22) 仮にプラットフォーム事業者が設定するルールに従って，ネットワーク上で活動することを，国の規制ではなく，プラットフォーム事業者のルールに自主的に従うという意味での非権力的，共同的規制であるというのであれば，それは国による規制も代議制議会で定められた法律に基づく，共同規制であることを忘れた議論であるというほかない。プラットフォーム事業者は，ある意味ネットワーク上で覇権を争う存在であり，覇権を確立した後には公権力そのものとなりかねないのである。

(23) かつてオーソン・ウエルズが「1984年」でその到来を予測した「ビッグブラザー」になりうるのは，物理的空間における既存の国家権力ではなく，互いに覇権を競い最後に勝ち残るプラットフォーム事業者であることは最早明らかであろう。

(24) なお，このような情報通信法制を，大陸法的な行政法の準用ではなく，別の仕組みを用いて論じることもありうる。当事者関係を，権利義務関係としてではなく，「関係」として捉える英米法的な信託の法理で解き明かすものとして，林紘一郎『情報法のリーガル・マインド』（勁草書房，2017年）。

ような公権力による介入から，私人の基本的人権を保障する仕組みを設けることは憲法の役割である。

　対等当事者間における意思の合致による個別法レベルでの法形成を前提とする私法秩序とは異なり，行政法においては様々な行政作用法により，行政活動のあり方が予め法律上予定され，その要件・手続きが予め定められている。対外的な効力を持つ法律・行政立法（法令）だけではなく，法令の下には運用基準を定める詳細な通達等が膨大に定められ，窓口の職員による事案処理のあり方がプログラミングされている。

　伝統的行政行為論においては，意思理論を前提として，行政機関に裁量的な判断が可能である法律行為的行政行為と，行政に裁量はなく，行為の結果は法律によって予め規定されている準法律行為的行政行為の区別がなされている。この区分との対比でいえば，アーキテクチャは当事者間の取決めではなく，技術的な仕組みにより結果が導かれるという点では，後者の準法律行為的行政行為の仕組みにむしろ近いということもできる[25]。

　法令の具体的レベルの執行において，本来ならば個別的事案の状況に応じて，個別的事情に対応した法適用をするというのが，「裁量的」行政の本来のあり方であろう。しかしながら，行政機関はしばしばそのような検討を行わず，官僚的，定型的な対応（定型行為）をしがちである。その結果として，私人がその作用法の適用として得られる結果は，定型的であり，複数の選択肢の内からどれかを選ぶということになりかねない[26]。また，例外的な場合への裁量的対応もそれ自体定型化している[27]。

　このように，私人への適用のあり方を定型化，細分化し，私人にはいくつかの選択肢の中から選択を求める手法は，アーキテクチャ，CODE と類似しているということができる[28]。そのような行政機関による法律の行政的運用が恣意的にならないように，行政が部内で定める「通達」による行政については，法律に

---

(25) 税務行政においては，例えば所得税の納税申告の場合，納税者からのオンライン申告により，納付すべき課税金額が，クラウド上のアプリケーションサービスにより人手を借りずに自動的に算出されてくる。

(26) 例えば，私人が自分の所有地に何らかの建築物を建てようとする場合において，都市計画法に基づく用途地区規制により，住居地区，商業地区などのゾーニングがなされている。ゾーニングに合わせて建物を建てる場合においても，容積率，建ぺい率，高度規制などに合致しなければ建築基準法による建築確認を得ることができない。

(27) 法令で定められた一般的な要件の機械的・定型的な当て嵌めでは足りず，例外的な対応が必要な場合においても，例外的事由該当性を法令自身で予定したり（市街化調整区域内での開発行為について特例を認める都市計画法34条など），施行令，施行規則で定めたりする方式が取られたりすることがある。

よる行政の原理による実体法規の枠，手続法による審査基準，処分基準の明示などの仕組みにより，法的網が掛けられてきた。これに対比するに，ネットワーク上でのアーキテクチャ，CODE による随意的コントロールは，その適式性を第三者がチェックする仕組みがない以上，他律的規制のない通達による行政と同等の恣意性をもたらしかねないとも言える。

5　通知，公証，受理等

準法律的行政行為として列挙されているうち，「通知」「公証」「受理」概念は，ネットワーク上の関係においても，ある意味転用することができる。

①　通知　　通知は，ネットワーク空間での情報提供の手法であり，特定もしくは不特定の相手方に対し，正式に情報を伝達する場合には，

── 通知の方式（メール，ウエブ，その他の方式）

── 通知の安全性の確保（暗号化した通知）

── 一定の場合の通知義務

── 通知の時期（タイミング）の適切さ

── 行政指導的内容を含む通知の適切さ

── 請求に応じて通知する場合（情報公開法制における開示を含む）の仕組み

などが検討されるべきである。

面と向かって対話をするのとは異なり，ネットワークを通じて情報を交換する場合には，通信（通知）は要式行為とならざるを得ない。

── 通知の相手方の特定（遠隔地にいるので，時として困難）[29]

── 発信時の特定[30]

── 通信が途中で途絶したり，エラーとなっていないことの保証

── 相手方の受領日時の確定

なども，ネットワーク上での法的関係において必ず必要となる。

②　受理　　行政手続法では，受理概念に代えて「到達」でもって法的効果の起算点とする扱いとなったが，物理的空間の窓口とは異なり，ネットワーク上で相手方にいつ到達したかは必ずしも分明ではない。また，私人に配達する場合の

---

(28) 裁量的判断における「相当性」は，元来，人による専門技術的な判断である。しかしながら，AI による判断，コンピュータによる判断においては，人の判断に係るような手続的コントロールは機能しない。

(29) 公開鍵方式等を用いたデジタル署名方式により行う。

(30) コンピュータのタイム・クロックは不正確なことがあるので，タイムスタンプサービス事業者により提供されるタイムスタンプを貼付。

［行政法研究　第22号（2018.1）］

ように，郵便受けに投函されたり，家族が受領したりすることにより，受領の推定が働くということにはならない（メールを送付したとしても，受取人がそれをクリックして読んでいるという保証はない）。したがって，到達の確定とともに，受理・受領したことの確認機能（否認不可——non repudiation）が必要となる。

　また，私人の公法行為としての「承認」「同意」についても，電子承諾通知の特例に対応する仕組みが必要となる[31]。

　③　公証・私証　　物理的空間においては，人はその周囲にいる人・文書等の真正性の確認を5官やサイン・印鑑を通じて行うことが出来るが，それが出来ないネット空間では他人に成りすますのは容易である。物理的空間でなりすましを防止するために公証が必要なのは，替え玉投票を防止する選挙人資格の確認，高額の取引や不動産取引における実印方式（市町村の発行する印鑑証明）位である。これに対し，相手方，データの真正性を容易には見出せないことがネット空間を安心できないものとしており，公証，私証の必要性は高いものとなっている[32]。

　技術的には，本人性・真正性の確認は公開鍵方式の暗号[33]とハッシュ関数[34]という二つの仕組みが用いられる。公開鍵方式は，実印の登録方式と共通の仕組みであり，実印登録を受ける市町村（もしくは銀行）と同様に，本人から公開鍵を預かり（すでに廃止した失効鍵も預かる）第三者からの照会（署名に用いられた公開鍵と保管している公開鍵との同一性・有効性を確認）に答える認証局が必要となる。認証局には，市町村のような公的機関ではなく民間の機関が当たるが，その

---

(31) 電子消費者契約及び電子承諾通知に関する民法の特例に関する法律3条。

(32) 民間企業では，企業内での文書の真正性を担保する場合，証憑という用語が用いられるが，ここでは公的機関の公証，私的機関での証憑を問わず，裁判外でのデジタル証明方式を論じている。

(33) 通常の暗号方式が，平文から暗号化する鍵と暗号文を平文に復元する（復号）鍵が同一である（共通鍵方式）であるのに対し，公開鍵方式は暗号鍵と復号鍵を異なるものとし，暗号鍵は本人のみが持ち，復号鍵は一般に公開することとする。ここで復号鍵から暗号鍵を推定・計算することが，高速のコンピュータを用いても極めて困難であれば，本人のみが暗号化でき，その鍵で署名した文書は誰もが公開鍵を使って見ることができるのでデジタル署名の条件が満たされる。

　暗号鍵としては，膨大な桁数の二つの自然素数A，B，復号鍵としてはA，Bの乗数であるCが用いられるのが通常の方式である。AとBからは容易にCが算出されるが，CからA，Bを逆算するのは膨大な桁数の場合，高速電算機を使っても数十年，数百年かかることが，公開鍵システムにおいては必要である。計算技術の進歩により暗号解読が容易になると公開鍵は危殆化し，より膨大な桁数の素数を用いるか，他の暗号方式を用いるかするしかない。

(34) 膨大なデータが改ざんされていないことを証明するために，データの一部を細切りにしてピックアップし（ハッシュ），データが一部でも改ざんされればピックアップしたハッシュが違うことになる仕組みをハッシュ関数方式という。

1 情報通信と行政法理論〔多賀谷一照〕

認証局の第三者性を担保する別の認証局が設置され，このような再保険のような認証局のメタ構造が2-3階層置かれることにより，第三者性のレベルが高められている。

この二つの技術を中心に用いることにより，以下のような公証・私証等を行うことが可能となる。

── 暗号鍵を用いたデジタル署名による本人性の確認[35]

── デジタル署名を封入したデータ（例えば診療録）が本人により作成されたことの確認

── データが作成された日時の証明

タイムスタンプ事業者の発行するタイムスタンプをデータ中に封印することにより，そのデータの作成日時が確認できる[36][37]

── 保存されているデータが改ざんされていないことの証明（ハッシュ関数を用いる）

内容証明制度の電子版に相当

── 公的個人認証

オンラインでなされる申請が，物理的空間における特定の個人の者によるものであることの認証[38]

── ネットワーク上のサイトの真正性の保証

偽ホワイトハウス事件のように，なりすましのサイトが出てくることを防止

── 資格等の属性証明

士業等（例えば質屋業，社労士，行政書士など）の資格が有効であり，ネットワーク空間でのそれらの士業者の活動が，なりすましではないことの保証

── 仮想通貨（ビットコイン）の真正性

仮想通貨（ビットコインの場合）の真正性はマイナー（採掘者）により，分散的にチェックされ，マイナーによるチェックはそれまでの取引の記録のハッシュ

---

(35) 尤もこの場合，デジタル署名した本人と物理的空間における本人との同一性，あるいは本人以外がパソコンの前に座って，本人に代わって作業をしていないということまで証明するものではない。これらの証明は，指紋，ワンタイムパスワード，顔認証などによりなされる。

(36) この場合，タイムスタンプ業者のタイムスタンプの真正性は，公開鍵システムとハッシュ関数により保証されている。

(37) 電子帳簿保存法施行規則3条5項2号ロは，日本データ通信協会による認証を受けたタイムスタンプを貼付することを，電子的に帳簿を保存することの必要要件としている。

(38) 自治体が本人性を確認した住民に対し，本人のデジタル署名を封入した個人番号カードを交付し，住民本人がそのカードを利用してオンライン申請することにより保証される。

［行政法研究 第22号（2018. 1）］

値と取引者の公開鍵を組み込んだビットコインのブロックチェーン記録として継承されていく。この場合は，分散的公証とでもいえる仕組みとなっている[39]。

6 特別権力関係の理論との異同

伝統的な行政法学では，法律による行政の原理が部分的に制約を受ける場合について，特別権力関係の理論が展開されてきた。例えば，学校において，生徒・学生は学則の規律に服することになる。また，図書館を利用するものは営造物管理規則である図書館利用規則を遵守しなければならない。

このような特別権力関係の理論は，刑務所の在監関係を除くと，学校に入学する，或いは図書館を利用する場合において，予め学則なり，利用規則を遵守することを同意している限りで，それらの規則に拘束されるものであるという説明がなされてきた。

通信ネットワーク上で，プロバイダ・プラットフォーム事業者の提供するネットワークサービスを利用する場合に，予めそのアプリケーションを利用するにあたって遵守すべき事項を同意することを前提に，事業者による一方的な規制が行われるのも，この特別権力関係における事前同意と同種の仕組みであると見ることができる。

特別権力関係の場合，当該権力関係からの排除（退学，入館・貸出拒否など）を上限として違反者に対する制裁がなされる。ネットワーク上のアーキテクチャの場合も同様であり，違反者に対しては当該アーキテクチャからの排除可能性が示される。

情報空間が人の生活空間に占める重要度が拡大するにつれ，ネットワーク上のアーキテクチャからの排除は私人にとって重大な権利侵害を意味することになる可能性がある。情報空間においては，サービス提供事業者はCODEとして，あるいはシステムとして，私人・利用者が一定の仕組みに従って行動することを事実上強制しているということができる。SNSなどのサービスに加入する場合には，事前に同意が求められ，以降の制約・強制はこの入り口での同意に基づいているという擬制が取られている。しかしながら，同意はしばしば強制に近いものであったり，爾後に招来する制約についての個別的選択を許さない包括的同意であったりする。

---

(39) ビットコイン，ブロックチェーンについては，多くの文献があるが，例えば，赤羽喜治・愛敬真生『ブロックチェーン 仕組みと理論』（リックテレコム，2016年），岸上順一他『ブロックチェーン技術入門』（森北出版，2017年），馬淵邦美他『ブロックチェーンの衝撃』（日経BP，2016年）。

尤も，図書館利用規則，学校の学則などへの特別権力関係的服従とは異なり，この場合，特別法理論でいうところの「特別法」は国家法が構築する「一般法」に包摂されるものとは限らない。ネットワークが国境を越えて展開していることから，国際的な特別権力関係を構築するものとして，国家権力に対峙するものとなっている。

このように，プラットフォーム事業者，プロバイダ等と，その利用者との関係を特別権力関係に準じたものと捉えることにより，

―― 特別権力関係に基づく制限と基本的人権制限の法理

在監者と喫煙の自由，学校の内規による長髪の禁止，生徒の服装の制限などと同じ様に，ネット上の関係に入る時の同意に基づくといっても，同意は包括的，半ば強制的なものであり，プラットフォーム事業者等が課する制限の合法性の論拠にはならない。

―― 特別権力関係内での紛争が，内部の自律に留まる場合と，内部紛争の範囲を逸脱して法的紛争となる場合の区別

地方議会議員の登院停止処分，資格剥奪学生の留年，退学などと同様，プラットフォーム事業者等による事実上の懲罰（例えば，容量オーバーの場合の速度制限）が，一定のレベルを超えれば，その侵害の不当性・不法性について，裁判上の救済が可能な仕組みとすること。

などの法理の準用可能性を検討することが可能となる。

7 プラットフォーム事業者等と他律的規制・手続法的な規制

繰り返しになるが，物理的空間における行政活動については，それが私人の権利を正当な根拠なく制限することのないように，議会の定める法律，条例（条例の場合，地方議会）によって他律的な規制がなされている。また，その法律・条例に反する運用がなされた場合には，行政不服審査，行政事件訴訟といった事後的な争訟の仕組みが設けられており，最終的には裁判所によるチェックがなされる保障がある。市民革命を経ていない英米法においても，聴聞手続などの事前行政手続法制が定められている。

今日，情報の管理を制している者（プラットフォーム事業者等）はある意味，物理的権力を上回る権力・影響力を私人に対し及ぼしつつある。私人のネット上での行状をトラッキングし，匿名化されていてもビッグデータとして収集することにより，統計的推測で個々人の行動可能性を推定することが可能となる。

その結果，プラットフォーム事業者等は，個々人の行動予測を，行政機関よりもより精密に行うことが出来るようになる。ある意味，行政機関よりも個々人に

対するコントロール力，支配力を持つようになっており，ターゲティング広告などを通じて，社会的格差，差別を前提とし，ウエブライニング（レッドライニングのウエブ版）を志向する可能性もある[40]。この21世紀のビッグブラザー候補の権力を公法的手法で規律する必要が生じる段階にいずれなると考える。

　このようなプラットフォーム事業者等による権力行使については，中国，ロシアなどの物理的空間における国家から，それを規制する動きがある。また，EU諸国など個人情報保護をより厳重に制度化している国から，規制の緩い国へのTDF（越境データ流通）に際しての，個人情報保護レベルの留保，特別取扱いにかかるセーフハーバー条項，プライバシーシールド協定などの対策もある[41]。しかしながら，一国内に包摂される特別権力関係の場合と異なり，国境を越えて複数の国に跨ってネットワークを張る事業者に対して，物理的空間における国家権力が規制を加えることは，物理的空間での権力とネットワーク上の権力の間の覇権をめぐる争いになってしまう面があることに留意すべきである。中国・ロシアが試みているように，主権国家が一国内部で適用される法律で定めても，ネットワークは国境を越えて自由に情報を流すことから限界がある。

　かっての国民議会が君主制に代わって，執行権に他律的コントロールを加える仕組みを作ったように，プラットフォーム事業者等に対し，物理的空間における既存の国家（執行権）ではなく，ネットワーク空間の利用者側からの，国民議会のような新たなコントロールの仕組みを作る必要（既存国家は，場合によりそれをサポートする）があろう。例えば，

　　── CODE，アーキテクチャの内容的公正さをチェックする第三者機関の設置
　　── プラットフォーム事業者等による，個人情報・法人情報の潜脱的な利用に対する規制
　　── プラットフォーム事業者等によるアプリケーション事業者への支配，差別的取り扱いの是正

---

(40) マスメディアの時代には，広告は不特定多数，公衆を相手に広く行われるものであった。インターネットを利用することにより，プロバイダは私人の個別的性向，年齢，性別などを識別することが可能となる。これにより，相手方を絞って（ターゲティング）広告を行うことが可能となる。

　かってのアメリカでは，金融機関により低所得者が居住する区域に赤線を引いて，他の地域に比べ融資条件を異にする手法が取られていた。ネットワーク上でも，社会的な格差を前提とし，異なる階層には異なる広告，サービス提供を行うことはレッドライニングのウエブ版ということもできる。（シュナイアー・前掲注(19)『超監視社会』183頁）。

(41) 宮下紘『EU-US プライバシーシールド』慶應法学36号145頁以下，石井夏生利『個人情報保護法の現在と未来 ── 世界的潮流と日本の将来像』（勁草書房，2017年），T. V. Overstraten「越境データ流通」（石井訳）NBL1105号12頁。

—— プロファイリングにより，検索の上位にその人の興味を持つニュース等を載せ，自分と異なる意見，ニュースは載せないようにして多元的な視座を奪うことを抑止する
—— プロファイリングにより，特定の政党・意見の支持者にのみ，検索サイトを利用して投票を呼び掛けるような世論操作の抑止
—— プラットフォーム事業者等が不法な設定を行った場合の，是正・補償にかかる法的仕組みの確立
—— プラットフォーム事業者と利用者との関係を実質的な公権力関係であるとして，基本的人権規定の大幅な適用，裁判所によるその保障
—— プラットフォーム事業者による一方的決定とその執行（ex ネットワークからの排除，スピード制限など）に対する仮の救済ならびに争訟の仕組み（物理的空間での裁判的救済ではなく，ネットワーク上の争訟制度の構築）
—— プラットフォーム事業者が国際間で展開していることに対応した，国際的なコントロールの仕組み

などが考えられる。

Ⅳ 情報の管理と行政

　行政の情報化は，物理的空間における行政活動をサポートするものとして，情報システムが導入されることにより始まった。1970年代頃から，課税，社会保険などの大量処理を必要とする業務に，簿冊管理に替えて大型コンピュータを導入することにより，業務効率化が図られた。また，自動車登録ファイルを嚆矢として，住民基本台帳など多くの大規模ファイルが文書から電磁的記録に置き換えられた。ついで，クライアント・サーバシステムの時代となり，パソコンの機能の向上により，机上で行われる業務処理に用いることが可能となることにより，行政文書はその多くが情報化され，日常的な業務処理にも情報化が及ぶようになってきた。今日，窓口での各種申請手続に代えて，オンライン申請が行われることにより，行政過程の電子化は，行政と市民の関係（public relations）にまで及ぶようになってきている。

　このようにして，かっては行政作用，行政過程の一部のみに利用されていた情報システムは，その高度化とともに行政作用のあらゆる部分において用いられることになってきており，情報システムは行政活動とある意味一体化するに至っている。換言すれば，行政システム自体がある意味情報システムとなっているとみることもできる。行政機能は元来，それを担う人（職員）によって果たされ，人

と人（私人）との関係が行政機能を支えるものであった。しかるに，行政活動の
すみずみにまで情報システムが及ぶようになると，現場で行われる執行行政を除
くと，人ではなく情報が行政の基本的な要素となり，行政をコントロールするの
は人よりも情報であるという側面も出てくることとなる。

　現実空間のモノのサイバー空間での把握がなされると，現実空間でのモノにか
かる状況の変化にサイバー情報が対応するのではなく，サイバー情報の処理によ
り，現実空間でのモノが動かされる可能性があることを指摘するのが，CPS
（Cyber Physical System）論であるが，不動産登記簿や固定資産課税台帳による
土地の管理，自動車登録番号による自動車の管理，マイナンバーや戸籍による個
人の管理は，これらの記録が電子化している今日，ある意味現実空間上の存在を
サイバー空間で登録し，その登録の処理により現実空間の存在が影響を受けるこ
とになっている面がある。行政過程においても，情報は業務を行う職員間の連絡
手段であるに留まらず，通達・訓令，その他の基準などという形を取った「情報」
によって，行政職員の行動がコントロールされているのである(42)。以下では，
このような役割に関するものとして，情報の流通，管理という視点から行政のあ
り方をとらえなおすこととしてみたい。

　なお，以下の立論は物理的空間における行政による情報の取扱いについてのも
のとなっているが，前節で述べたプラットフォーム事業者等による，利用者たる
個人・法人に対する実質的公権力としての振舞いにも通じ得る立論であり，随時
そのことを付記していく(43)。

1　情報の収集

　元来，私人の活動を調査し，需要を把握し，必要な規制・サービスの提供を行
うのが行政の役割である。

　人力に頼っている場合においては，私人の活動・状況を把握するのは

　── 申請等を通じて，私人から情報を取得する

　── 問題のある状況となっている可能性のある場合には，職権で立入調査等を
　　行うことにより，人力によって情報を取得する

---

(42) 物や商品の運搬にかかるシステムは，当初，商品の需要に応じて生産され，運送がな
　　され，輸送・運送は商品の需要充足の手段に過ぎなかった。しかるに，いわゆるサプラ
　　イチェーンシステムにおいては，商品の需要を司るのは商品の輸送にかかるサプライ
　　チェーンであり，サプライチェーンにかかる情報が，生産，輸送システムをコントロー
　　ルするようになってきている。この意味でのサプライチェーンの情報化，情報のモノに
　　対する優先という現象と類似の動きが行政過程にも起きつつあるということができる。

という手法が取られてきた。

　しかしながら，社会の IOT 化により，私人の活動の調査はセンサー，防犯カメラなどの情報手段に大幅に移行しつつある。ごみ集積所でのゴミの集積状況，違法投棄のチェックなどはセンサーの役割となり，独居老人の健康状態のチェックなども，人力ではなく，センサーの役割となる。また，私人の申請も電子的になされ，付随して必要な情報は行政もしくは民間が管理するビッグデータから取り出すだけとなりつつある。

　立入調査の場合に，日没後は調査しないとか，身分証明書の呈示などの制約が設けられている場合もあるが，センサー，防犯カメラなどの場合には意味をなさない。

　個人情報保護法に基づく，個人情報の本人同意に基づく取得原則についても，センサーなどによる取得，位置情報の取得など，同意原則の維持は困難となりつつある。本人同意を原則とするといっても，オプトイン型ではなく，実質的にオプトアウト型の情報収集が多くなってくる。

　ビッグデータ時代という今日において，プラットフォーム上の各事業者と同様，行政機関も，ネット上にあふれている多くの情報から行政作用の端緒となる情報を職権で取得するのは当然もしくは必然のこととなっている。成る程，個人情報の収集については，個人情報保護法により本人収集が原則となっている。しかし，土地や製品（モノ）についての情報，営業活動についての情報はネット経由で収集することに，直接の法的制限はない。

　収集された情報の（収集目的以外の）他用途への転用を，個人情報保護法制を利用してすべて遮断することは，重複的な収集活動を行政機関（もしくは電気，ガスなどの公共事業体）が行うことになり，いたずらに行政コストを増大させる

---

(43) 例えば個人情報については，
　　　——プラットフォーム事業者等による個人情報の取扱いは，個人情報保護法により規制されているが，行政機関よりはるかに自由であり，一度事前・包括同意を受けたのちには，個人・法人情報をある意味自由に利用することができる。
　　　——他面，行政機関に対しては，行政機関個人情報保護法によって，より厳しい規制が掛けられているが，それは行政機関が，個人・法人の情報を公権力的に収集することができることからより厳しく規制する必要があったためである。
　　　しかしながら，アーキテクチャによる技術的コントロール，ビッグデータの処理技術の向上によって，プラットフォーム事業者等による，個人情報の取扱いにかかる実質的に公権力的な特権は，今日，物理的空間における公権力と比肩するレベルに近づきつつあり，両者に非対称規制をする合理性は次第になくなりつつあるといえよう。個人情報保護法と行政機関個人情報保護法の規制内容が次第に近似しつつあるのは，ある意味当然である。

だけである。わが国においては，住宅の GIS 情報を，電力会社，ガス会社，民間の地図情報会社等が競合して作成し，しかも互いに情報共有をしていないのがその典型である。道路地下の埋設管（道路占用物件）情報の相互共有の仕組みのような情報共有が他分野にもなされることが望ましい。

2　情報の選別・評価

　収集した情報を元に，その内容を選別・評価し，行政作用にとって有意味，重要な情報をピックアップする活動は，行政による法令適用の場合，認定（収集）された事実の法律上の要件へのあてはめにかかるもの（不確定概念の場合，要件裁量）である。大量の情報の中から有意味な情報を見出すという作業は，政策過程，政治・軍事戦略などにおける，インテリジェンス（活動）と呼ばれる活動とも共通するところもある[44]。また，民間において，取得したビックデータを解析して相関関係等を分析し，マスマーケティングに代えて，特定の消費者（グループ）に対して行われるターゲティング広告(ダイレクトマーケティング)も同様な選別・評価を行うものである。

　収集する情報が，数十，数百であればとも角，数千，数万以上に及ぶ場合には，人力によってその選別，評価を行うことはしばしば困難を伴う。従来，行政機関の職員は，担当業務に携わっている勘から，直観的・発見的に悪質な営業活動を見出して是正指導をしたり，生活困難者を見出して必要な扶助を与えることを行ってきた。しかしながら人口数十万人以上の市においてこのような作業を行うことは，人力の限界を超えている。膨大なビッグデータを集め，そのデータを評価して的確な判定を職員が行うのは困難である。

　ちなみに，外国の情報や，ネットで取得した情報，通信傍受した情報（アメリカの場合）など膨大なビッグデータ情報から，有意義な情報を採りだす作業を行う必要があるインテリジェンスにおいては，

　　── 複数の情報源でクロスチェックをする

　　── 複数の機関による競争的分析をする

　　── 発見的な（heuristic）な仮説を立てることをできるだけ避ける

　　── 情報源の信頼性の評価を行う

　　── クライアンティズム（相手方過信症）を避ける

---

(44)　インテリジェンスについては，参照，小林良樹『インテリジェンスの基礎理論〔第2版〕』（立花書房，2014年）他。なお参照，拙稿「インテリジェンスと情報法制」獨協ロージャーナル第11号103頁以下。

分析者が，市民の中の特定の集団の立場に立ち，中立性を失いかねないこと。
―― レイヤーイング（Layering　積重ね現象）を避ける

不確実な分析をいくつか積重ねることにより，その分析が強固な事実のように誤信すること
―― グループシンク（Groupthink　付和雷同）を避ける

ある分野に精通していると過信するあまり，新たな変化の芽を見落とすこと
―― マインドセット（無意識的に一定の考え方や思いこみに陥ること）を避ける
などの手法が用いられているという[45]。

いずれにせよ，こうした選別・評価作業，裁量判断は，いずれは AI によるディープラーニングを用いた裁量的判断にとって代わられることになるのであろう。また，違反事例に対し，どのような範囲まで是正措置を求めると最適な規制効果が実現できるかという効果裁量の判断も AI が行うこととなろう。センサー情報によるダイレクトな勧告，是正命令等が，行政職員の判断を経ずに，AI により直接なされる可能性もある。その場合の行政職員に残された役割は，AI の判断が裁量逸脱的なものにならないかチェックすることになる可能性がある。

3　情報の管理・流通

行政機関の間，行政機関と他の公法人あるいは司法機関の間の情報の流通については，従来は個別の照会が原則であり[46]，情報の体系的，継続的流通のあり方についてはルールが確立していなかった。自ら保有する情報を他の機関に使用させないという官僚主義的な抱え込みの傾向からも，重要な情報は他の部局には流してこなかった可能性がある。民間事業者も，その顧客情報については自社で限定的に利用し，共通するデータベースとするのは多重債務者に関するブラックリストの共有など限定されてきた。

オープンデータ，ビッグデータの時代である今日，個人情報を匿名加工情報もしくは非識別加工情報として，非個人情報とともに官民を問わず流通させることが，今後の情報社会の高度化において不可避の前提条件となる。例えば，法務省の不動産登記情報，自治体の固定資産課税台帳，農地台帳，国土値地理院の GIS 情報，民間不動産会社の住宅情報，住宅地図会社の住宅地図情報システムを，ブ

---

(45) 小谷賢『インテリジェンス ―― 国家・組織は情報をいかに扱うべきか』（ちくま学芸文庫，2012年），マーク・M・ローエンタール『インテリジェンス ―― 機密から政策へ』茂田宏監訳（慶應義塾大学出版会，2011年）など。

(46) 刑事訴訟法197条。また，行政調査により得た情報を，犯罪立件のために提供することの制限としては，例えば，統計法15条３項，国家公務員法17条３項。

ロックチェーン技術等を用いて参照可能なものとすることにより，空き地，空き家の管理，所有者の把握などが可能となり，土地市場の流動化につながるであろう[47]。自動車会社により集められた，車の状態，立ち寄り先，運転の特徴などのデータをビッグデータとして集積し，カーナビ・ETC の情報と参照することを可能とすれば，それは観光業界，保険会社などにとっても利用価値のある情報となる[48]。

　個人情報の流通について，従来は第三者提供を如何に制限するかという，消極的・防衛的自己情報コントロール権の議論が中心であった。匿名加工情報についても，如何にして再現を阻止するかということに重点が置かれてきた。しかしながら，個人情報はブラックマーケットやダークネットで，財として流通しているのは事実であることは否定しえず，それを無視することは出来ない[49]。財として流通していることを前提とし，そこにおいて個人の権利保護をどうするかという方策を図るべき時期に来ていると考える[50]。

　最近，情報銀行や個人情報の運用を委託するという議論がなされている。これは，個人情報の第三者提供を前提としつつ，その利用・運用について，利用者側ではなく，利用される個人の側からのコントロールを行ったり，一定の報酬を得よう（その限りで自らの個人情報を売る）とするものである。匿名化された個人情報を再現し，元の個人を特定しうる可能性を，ビッグデータとして個人情報を利用する企業側ではなく，個人の信託を受けた個別の事業者に独占させることにより，個人はその個人情報の運用においてイニシアティブを維持できるであろう[51]。

　なお，仮想通貨の技術として開発されたブロックチェーンの技術は，マイナー

---

(47) 日経新聞2017年6月14日。
(48) 日経新聞2017年5月31日，読売新聞2017年7月13日。
(49) アメリカの通信事業者ベライゾンは，加入者がウエブ履歴や位置情報などの自分の個人データをベライゾンに提供する見返りに，コンサートチケットや映画のプレミア招待券と交換できる「Verizon Up」プログラムを開始している。
(50) 個人情報保護という美名のもと，個人情報の財としての流通を否定する建前を取ることは，結果としてブラックマーケットで流通する個人情報の財としての価値を高め，不法な収益を上げることに貢献している面がある。
(51) 例えば，肉親の死去により葬儀サービスの必要に迫られている場合，従来はその個人情報をいち早く嗅ぎつけた事業者が当該個人に勧誘のメールや電話をすることになりがちであり，当該個人の情報がいかにしてそれ等葬祭業者に漏れないようにするかに規制の主眼が置かれてきた。これに対し，当該個人の信託を受けた事業者が，当該個人の名前は伏せたまま，複数の葬儀サービス会社にサービスの内容，価格等の見積もりを提示させ，それをリスト化して個人に提供すれば，個人はその中から要望にあった葬儀業者を選択することができる。このようにして，肉親の死去という個人情報がいたずらに流通することを防止しつつ，個人は必要なサービスに関する情報を受けることができる。

（採掘者）による恒常的なチェックを伴わなくても，分散型管理技術として，匿名化した個人情報等が転々と流通して，利用されているログを集権型ではなく分散的に取っていくことが可能な技術であり，情報の流通と保管にかかる新たな仕組みとして今後活用されていく可能性がある[52][53]。ちなみに，わが国の共通番号法の場合，異なる行政機関間での個人情報の相互利用は，情報提供ネットワークシステムを介在させるという形で，中央集権的に管理されているが，ある種のブロックチェーン技術を用いるエストニア政府の X-ROAD システムは行政機関のデータベース相互が直接分散的に接続することを可能とし，民間企業との接続をも可能としているという[54]。

このようなブロックチェーンの仕組みは，ネットワーク上の個人情報の流通のみならず，保険診療の場合の，医療機関と支払基金（診療報酬の適正な審査を行う）と保険組合の間の診療報酬を巡る情報のやり取りなどの膨大な作業を自動化し，誤謬を少なくし，簡略化するであろう。また，物理的空間における麻薬，火薬，放射性物質などの危険物の流通[55]，食肉の生体認証，野菜などの原産地保証[56]，電力エネルギー（再生エネルギーによる電力のローカルでの相互利用の場合），知的財産権（DRM Digital Rights Managemen）など，フローしうるもの全体のコン

---

(52) ダイヤモンドの流通や，音楽著作物の放送事業による利用など，集中的管理が困難な分野で活用が検討されており，情報公開法制により開示された行政情報の再利用，個人情報を含む行政情報の利用にも活用可能であろう。

(53) ニューサイエンテスト編集部『ビットコインブロックチェインの歴史・しくみ・未来』水谷訳（SB creative，2017）。

(54) 翁・柳川・岩下編『ブロックチェーンの未来』（日経新聞社，2017年）249頁。
　　詳細は不明であるが，個人情報その他のデータが，行政データベース間，もしくは民間のデータベースとの間で転用されるとしても，その転用の過程をブロックチェーン方式で記録し，事後的に抹消・修正できないようにすることで，万一違法な転用された場合には，その犯人がどの段階で転用したが明確に分かり，厳しいサンクションが待っているということで，セキュリティを確保するものと推測できる。

(55) 麻薬，火薬，放射性物質などの危険物について，それが施設にストックされている場合とは異なり，業者間で運搬・移動していくフローについて実効的な規制を掛けることは，行政規制の年来の課題であった。そもそも流通が禁じられる麻薬とは異なり，放射性物質，火薬などに過度の移転規制を掛けるのは営業活動に対し過剰な規制を掛けることに繋がりかねないし，それらの危険物質の個別の流通をその都度追尾することは容易ではない。然るにこれらの危険物に関する保有・管理情報を，ブロックチェーン技術により付加していく仕組みを作れば，予めコントロールすることをせずとも事後的に流通過程を追尾することが可能となり，フロー制御の有力な仕組みとなり得るであろう。

(56) 勿論，帳簿へ記載された情報と物理的空間でのモノ等のあり様が食い違うことはあり得る。私法では，不動産の登記を対抗要件とする仕組みが食い違いを是正する仕組みとして制度化されている。行政上の登録にかかる帳簿の場合には，異なる登録をした場合の免許の停止，過料などが同じような役割を果たすことになる。

トロールに利用されていく可能性がある。

4 情報の提供，利用

1で述べたように，物理的空間に関わらなくても，情報の提供，利用は私人の法的・事実的な利益に多大な影響を及ぼすものとなっている。物理的空間における効果に連動する限りで，情報の提供・利用に法的効果が認められる「通知」「公証」などを準法律行為的行政行為と分類するに留まることなく，重要な情報の提供・利用自体を，事実行為ではなくある種の法的効果をもたらすものと捉えて，それに関する公法法理を，行政行為論と並行して構築する必要が生じてきているのではないか。また，この場合の重要な情報としては，個人情報以外の防災情報，生活安全情報なども含めるべきであると考える[57]。

そもそも，前世紀末から進行してきた情報公開，情報の開示を求める仕組みの導入は，このような意味における情報の提供義務，必要性を背景とするものであり，それは文書化された情報に限らず，関係者にとって了知しておくべきデジタル情報を提供する義務に連なるものである。

これまでは，情報公開は広く一般公開することを前提に，しばしば記者クラブを通じてマスメディアが関わってきていた。しかしながら，今日の情報通信の発達からして，記者クラブを介することなく，行政がウェブや移動体を通じて，一定の範囲のもしくは特定の私人に直接情報を提供する仕組みとならなければならないであろう[58]。

情報を提供する場合において，誤った情報を流さない義務の範囲，必要な場合に情報の提供を行う義務（例えば，避難指示を出す義務）など情報の提供についての「適式性」の確保は今日極めて重要なものとなっている。行政行為（処分）の義務付けよりは，一定の的確な情報を，一定の時期に提供すること等の義務付けの方が，遥かに現実的なものとなりつつある。

情報の提供先が，マスメディアや事業者（行政の情報を加工して，利用する事業者）である場合には，行政機関が保有する情報をオープンデータとしてそのまま提供することでよいかも知れない。これに対して，私人に対し直接情報を提供する場合には，不正確な情報を流すことによる社会的混乱の可能性があるので，

---

(57) 例えば国際空港に降り立った乗客に対する，一定の伝染病に罹患している可能性があるという通知は，それだけで当人に隔離の必要性がある地位にあることを示すのに十分であり，敢えて隔離命令を発するまでもない。

(58) その場合，知的財産権が関わる場合などには，ブロックチェーン技術を用いて，一定の守秘義務を課することもありうる。

—— 内容的な適正さを確保する

（完全に正確な情報というものは存在しないので，一定の確率での正確さ，ならびになされている評価も行政による当面の評価であるということを明示した上で提供する）[59]

—— 情報が提供されることにより，パニックが起きるなど社会的な影響がある
　場合には，そのことを十分配慮した上で情報を流す

などが必要となる[60]。

　不利益処分を行うという規制権限の不行使にかかる法理は，処分の義務付けについて，侵害の重大性，補充性などの要件があって，訴訟で認められるハードルは高い。しかしながら，情報の提供であれば，規制権限の行使より発動条件はより緩和されることになるはずであり，情報を敢えて隠ぺいすることなく，必要に応じて提供する義務が認められるべき場合もあろう。行政機関は，規制権限を行使する前に，しばしば警告，勧告の形で当事者に情報を提供しているが，このような情報の適切な，時宜を得た提供の義務付けにかかる法理がむしろ構築されるべきであろう[61]。

5　対物処分，対物的情報の提供[62]

　行政処分は，規範命令である以上，人を名宛人として行われるのが原則であるが，物を対象として行われることがある。私人が所有・管理する建物にかかる処分のように，その物についての管理主体が特定していれば，それは人に対する規範命令と同一視することができる。これに対して，道路や公園など占有されていない物を対象とする処分は，管理する相手方が特定されない限りで一般処分とさ

---

(59) ある治療薬について，重篤な副作用の可能性があるが，いまだ製造販売の禁止処分までには至らない場合，薬害が発生したことによる損害賠償請求訴訟において，そのような情報を提供する義務があったか否かが事後的に争われることが多い。

(60) 厚生大臣による集団食中毒の原因についての調査報告につき，その公表をなすに当たっては公表の目的の正当性，公表内容の性質，その真実性，公表方法・態様，公表の必要性と緊急性等を考慮してなされるべきであるところ，中間報告には公表すべき緊急性，必要性が認められず，最終報告についても誤解を招きかねない不十分な内容であり，いずれも公表の相当性を欠き名誉，信頼を害する違法な行為であるとされた事例（カイワレ事件：大阪高判平成16年2月19日訟務月報53巻2号541頁）。

(61) ダムの放流に伴う急激な増水により，下流の河道内でキャンプや釣りをしていた者が水死するなどした事故について，急激な放流を一般に周知させるための措置が危害発生の虞のある区間全部にわたり時期的・内容的に十分に講じられていなかつたとして，ダムの管理に瑕疵があるとされた事例（大阪地判昭和63年7月13日訟務月報35巻7号1149頁）。

(62) 参照，阿部泰隆『誤解の多い対物処分と一般処分』自治研究80巻10号26頁。

［行政法研究 第22号（2018.1）］

れてきた（横断歩道の設置，道路の供用・供用廃止，一方通行の設定，信号機の設置など）。

横断歩道や一方通行の禁止による指示（通行禁止）に対し，それを禁止と認識し，歩行を止めたり，車を停止させたりするのは人の判断である限りで，それは個別私人に対する規範命令の束であるということになるのかも知れない。しかしながら，IOT の時代においては，人に対する命令はなく，物と物との間で情報が交換・提供される。HEMS（Home Energy Management System）による家庭内での家電制御[63]や，ITS として，自動車に対し，緊急停止や回避措置を自動的に取らせるように，一定のルール・コードによって機械や車などが作動していく時代になる。それらの場合においては，「一般処分」は，例えば交通管制の場合，管制を制御するコンピュータから，自動車を制御するコンピュータに対して行われ，運転手の意思は直接関与しない。このような M 2 M（Machine to Machine）の構造においては，注意義務を負う人は存在せず，事故が起きた場合の責任の帰属など，既存の法制度では解決できない問題が起きる。

製品であるモノが製造元の管理から離れ，消費者である利用者の管理下にあり，しかも利用者がその高度な技術により作成された製品の安全性確保について十分な知識・能力を持っていない場合，物に対する管理責任を負いうる（その者に対し，「法規範」でもって管理義務が課される）者がいないことから，品質の管理は法規範ではなく，製品の品質が一定水準に達していることを確保する規格を定め，その規格への適合性を保障する基準認証，登録，検査の仕組みが，物にかかわる安全性を保障するものとされてきた[64]。

プラットフォーム事業者等によるネットワークは，人の作ったプログラムもしくは AI によりコントロールされるシステムであり，そのようなモノに関する基準認証の仕組みが直ちに及ぶものではない。しかしながら，分散的管理を伴うブロックチェーンシステムや，膨大な数が市井の至る所に配置されるであろう IOT センサー端末については，集中的管理ではなく，分散管理・エッジ処理ということにならざるを得ず，製品端末の認証と同じような仕組みにならざるをえないと考えられる[65]。

尤も，市井の道路や橋梁，建築物などに装着されたセンサー端末は，それらイ

---

(63) 電力が許容量を越えそうな場合に，スマートメーターを通じて，自動的に家庭の電力の利用を制限。あるいは，独居老人による照明，ガス器具などの利用の検知，遠隔制御。

(64) 参照，小野寺真作『認証 ── 標準化における認証と適合評価』（コロナ社，1995年），拙稿「規格と法規範」金子古稀論集『公法学の法と政策』下巻425頁以下。

(65) JIS 規格も IOT やデータ分析などサービス分野にも拡大する方向であるという。

ンフラのメンテナンス情報を視認よりもはるかに正確に，かつ高頻度で送ってくることが可能である。また，冷蔵庫，プリンタ，洗濯機，テレビなど家庭内に置かれている家電製品が，センサーを介してリアルタイムに AI により運用制御されている IOT の時代においては，製造者（リース提供者）によるリアルタイムの管理が可能ということにもなる。道路などの営造物に関する国賠法2条の管理責任の議論でいえば，客観的瑕疵よりも，個々の端末に関わる製品等毎の具体的・個別的管理責任が問われることになる可能性がある（人が関与しない限りで，主観的責任ではないとしても）。そこでは，従来の基準・認証制度の仕組みや製造物責任の法理も洗い直しが必要とされるようになるかも知れない。

6　内部統制と IT 業務統制

エンロン事件以来，民間企業の内部統制という自己コントロールの仕組みがアメリカで導入された。それを受けるものとして，わが国でも金融証券取引法と会社法において，内部統制の仕組みが導入された。さらに，最近，地方自治法が改正され，内部統制の仕組みが地方自治体の管理についても導入されることになった。

元来，民間企業は，法規範による枠付けは行政に比べ緩く，利益を追求してダイナミックに活動しうるので，統制しなければ様々なリスクを抱え込む可能性がある。これに比べると，法令により厳しく箍を嵌められている行政機関の場合に，法令という他律規範とは別に自己規律である内部統制の仕組みを組み込むことは重複感がある。地方自治体に対する内部統制としてはコンプライアンス，リスク管理にのみ有用性があるに過ぎないといえる。ただし，会社法の改正において，業務統制に IT 業務統制が組み込まれたことは注目に値する。

監査役制度，（地方自治法における）監査委員制度を通して，従来の業務統制は財務統制，金の流れの統制が中心であった。外部監査委員制度において，公認会計士が主たる役割を果たしていることもそれを示している。総ての業務は，何らかの形で金の流れが伴うものであり，その流れをチェックすれば，違法・不当な業務運営を見出すことができるという前提がそこにはある。企業において，一年単位でのみ業務報告，会計報告を行うのではなく，4半期ごとに報告を求めるのは，金の流れを通して業務の流れをより細かく，事業の流れに沿ってチェックできるようにするためである。

これに対し，わが国で財務統制と並んで，IT 業務統制が取り入れられたのは，業務の情報化が進むことにより，業務プロセスが情報プロセスとなりつつある今日，民間企業に対する内部統制の仕組みの中で IT 業務統制の役割が次第に重要になって来つつあることによる。業務プロセスの流れは，情報システムにおいて

リアルタイムに展開され，記録されており，事後的にそれをフォローすることにより，業務の流れの追尾は，ある意味金の流れを追うよりは，より実効的に行うことが可能となる[66]。

とりわけ，人と人との交流，取決めを中心に業務展開が行われる従来型企業とは異なり，ネットワーク上が主たる活動分野であるプラットフォーム事業者等にすれば，IT業務統制は業務統制そのものともいうことができる。また，国際的な分業体制が広がっていく中で，子会社との連結会計制度により，業務の適正さをフォローするのは限界があり，情報の企業間の流れをチェックする必要がある。企業間で帳簿システムを共用するという，いわゆるブロックチェーンによる分散型帳簿システムを採用すると，帳簿を共有している事業者間の契約（＝スマートコントラクト）は帳簿の更新という形にプログラム化されるので，会計帳簿の信用性をチェックするという第三者（＝公認会計士）は不要になるかも知れない。さらに，第四次産業革命の下，サプライチェーンにおいて，物流に関する情報というのではなく，情報の流れの仕組みが物流をコントロールし，その意味で役割の逆転がなされている。こうしたことから，情報の流れを通じてのコントロールは金員の流れに匹敵する意味，場合によってはそれを越える役割を果たしうるかも知れない。

Ｖ　おわりに

物理的空間においては，安全性を確保する「Police」の役割は，概ね公権力により担われており，いわゆる警備業など私的主体による安全防護は一部に留まっている。ネットワーク空間においては，サイバーポリスは今のところ制度化されていないが，最近情報セキュリティの確保が問題となっており，ネットワーク上の治安のあり方をどう構築するかが問題となりつつある。最後に，情報空間とセキュリティについて付言する。

第一に，プラットフォームの上で提供されるプロバイダのサービスを用いてネットワークに加わっている一般の私人に対しては，これら事業者がセキュリティを確保する役割を果たす限りで，実質警察的な役割を担っているということができる。プラットフォーム事業者は，OSの脆弱性を補正，修正し，ネットを

---

(66) IT業務統制については，参照，IBMビジネスコンサルティング株式会社『プロジェクト現場から見た内部統制』（日経BP社，2006年），大河内他『企業リスクとIT統制』（アスキー，2007年），新日本監査法人編『IT内部統制の実務』（中央経済社，2007年）。

通じてユーザーの OS を逐次更新している。プロバイダも，ホームページ等の書き込みを常時監視し，違法な書き込みがなされた場合には，速やかに削除をする（もしくは削除を求める）体制を取るのに人員を充てている（この作業は次第に AI に代替されていると考えられる）。また，ネットを介して行われる購入申請，オンライン手続の安全性を確保するために WAF（ウエブアプリケーション・ファイヤーウオール）が提供されている。

のみならず，一般ユーザーはセキュリティ・ソフト会社が販売している有料のセキュリティソフトを購入し，これらセキュリティ・ソフト会社（の AI システム）は我々のパソコンを日常的に監視し，ウイルスなどによる不正アクセスを撃退するサービスを提供している。

しかしながら，ネット上ではこの外にもセキュリティサービスを提供すると自称するアプリケーションが時々登場し，有料のセキュリティサービスへの加入を呼びかけてくる。どれが本物なのか，重複的な（不要な）セキュリティ措置ではないのか，どの程度のセキュリティを確保すればよいのか不明なところがある[67]。

また，プラットフォーム事業者，プロバイダによる保安的機能も，これら事業者のサービスの一環として行われており，それが真にユーザーの利益確保のために行われているという制度的保障はない。

第二に，大企業，物理的空間における公共団体等の場合には，その安全確保の問題は別であり，より複雑である。こられの団体においては，組織としての規模が大きいうえに，公益事業（電力，ガス，公共交通機関など）や国・地方公共団体の場合，システムがストップした場合には，その物理的空間における影響は多大なものとなる可能性がある。特に，HEMS や ITS システムの場合，一般利用者の日常的生活に多大な影響を及ぼしかねない。悪意ある者による攻撃も，これらの機関をターゲットとして，DDos 攻撃（distributed denial of service attack）などを集中的に行ってくる。また，こられの組織が活用しているシステムのアプリケーションは，事業者が提供する規格品ではなく，特別に企画・製作したものが多いので，市販品を用いる一部中小企業を除くと，プラットフォーム事業者等のセキュリティサービスに依存することはできない。

これらの団体のセキュリティ確保は，以下のようないくつかの多層的防御ならびに反撃システムにより構成される。

---

(67) ウイルスなどに侵されるリスクがあるのでこれらセキュリティサービスが必要であるということができるが，逆にセキュリティサービスのニーズを保つために，一定のリスクが演出されているのではないかと疑いたくもある。

―― それぞれのシステムのセキュリティホール（バックドア）を発見し，修復
する方策（物理空間のインフラの点検・補修に相当）

―― 脆弱性情報の取得，相互提供，共有

―― 重要データの高度な共通鍵方式による暗号化

―― 産業制御装置（SCADA）をインターネットから切り離すエアギャップ
（ただし，第4次産業革命は産業機械のネット接続を前提としており，切り離しは
それに逆行することを意味する）

―― イントラネット化し，物理的ファイアーウオールなどで防壁（Rampart）
を重層的に構築する

―― 幾重ものランパール（障壁）に設置されているコントロールポイント（関所）
において，本人性・真正さをチェックされたデータのみが実効的に通行でき
る可用性の実現

―― 支社との連絡については，WAFに頼ることなく，VPN（virtual private
network）を用いてセキュリティを確保する

―― サイバー攻撃を受け，被害・インシデントが起こることを前提として，そ
の場合に備えたバックアップシステム，コンテンジェンシー計画

―― 攻撃をしてくる相手方を検知して，識別し（フォレンジング），その発信源
に対し，警告をし，規制を行い，逆襲としてDDos攻撃などを仕掛ける
（ただし，反撃行為は，それを行う権限を有する機関に限って行使しうる）

　警察機能の本質は，暴力装置を私人が保有し，行使することを制限禁止しつつ，
自らは秩序維持のため，一定の適法性要件のもと職務執行として有形力を行使す
るところにある（例えば，警職法に基づく武器の行使）。ネットワーク上においても，
ネット上で犯罪謀議を暗号化して行う麻薬取引などの犯罪組織を取り締るため
に，公的機関が防護されたネットワークのバックドアを使って査察したり，「カ
ウンターインテリジェンス」として他国の公的ネットワークに意図的にサイバー
アタックを掛ける例も見受けられる[68]。通信の秘密を絶対視することは，もは
やできず，これらの反撃（カウンターインテリジェンス等）の必要性，不可避性を
認めつつ，その乱用を防止する仕組みを設ける必要がある。

　以上のようなネットワーク上の治安機能に抵抗して，中国・ロシアは物理的空
間における国家権力として，ネットワークに対し警察的機能を行使することを試
みている。例えば，中国は，個人向けのVPNサービスを規制するために，プラッ
トフォーム事業者にVPNアプリの販売・提供を禁止させたり，匿名でのSNS利

(68) イランのウラン抽出システムを妨害したスタッドウイルスなど。

用の禁止を定めるインターネット安全法を2017年6月に施行したとされる[69][70]。また，国民の海外サイト閲覧を制限する「グレート・ファイヤー・ウオール」(防火長城)が設定されている[71]。

ネットワークが国境を越えて展開されることから，これらの規制を国外にもネットを展開している企業に適用することは，規制の域外適用の問題となる。域外適用としては，ネット空間での取扱いであるが，個人情報保護のレベルがEUレベルに達していない国との間での越境データ流通に規制を掛けようとするEU法制も同様の問題を抱えている。ネットワーク空間上で事実上の公権力であるプラットフォーム事業者と物理的空間における国家権力が対峙する場合については，かってのITUのように，それらの事業者と国家の間の調整を行う国際組織が必要となってこよう[72]。

シェアリング経済，ブロックチェーンシステムの導入により，分散型システムへの移行が物理空間とネットワーク空間で進みつつある。また，IOTの場合，個々の端末のセキュリティレベルは限界があるが，中央制御型システムあるいはクラウド処理ではなく，エッジコンピューティングの方式を取ることが想定されるので，被害の拡大を一定範囲に限る仕組みを取ることはその構造に合致しているかも知れない。

ブロックチェーンの場合，P2Pの分散的なシステムの中で，安全であり，かつ改ざんなどがあったという情報を共有できる自律分散型，非中央集権型の社会

---

(69) 中国の国家インターネット情報弁公室が定める「インターネットコメント書き込みサービス管理規定」「インターネットフォーラムコミュニティサービス管理規定」により，百度貼吧などのインターネットフォーラム事業者に対し，情報審査，実名登録の義務化，情報安全に関する制度構築，法令上禁止されている情報発信禁止などをしているという(ワールドテレコムアップデート423号，マルチメディア振興センター)。

(70) 一定の用語を用いたブログ等をチェックする自動検閲システムと数千人規模の人員を用いて検索をする検閲システムや，中国で収集した顧客データの国内保存義務，国外のサーバに保存することを禁止したりする。

(71) その結果，グーグル，フェイスブックは中国の検閲の方針に反対し，中国国内では利用できず，代わりにテンセントなど中国独自のサービスが展開しているという。
　尤も，有線については，このようなコントロールが可能であるとしても，衛星等を用いて行われる無線通信については物理的空間における国家権力による介入には限界がある。

(72) 前世紀において，国営電気通信事業者が多かったこともあって，ITU (国際電気通信連盟)の主管庁の多くは，それら通信事業者であった(わが国でいえば，NTT，KDD，NHKなど)。国営通信事業者は，通信業務を行うとともに，通信管制的な業務をも併せ行っていたが，民営化の過程において，多くの先進国では電気通信事業者が民間事業体となり，通信の規制部分が国家権力に残るという構図となっていった。

システムを作ることが可能であるという主張がなされている[73]。グーグルやアマゾンのような集権的なプラットフォームではなく，Ｐ２Ｐで結びつき，安心・安全のコントロールは多数のマイナーが草の根として行うことにより[74]，自警団的に自ら行うという仕組みは，インターネット発祥時の理念に沿うものであり，ネット空間から権力者をなくすという，タブスコットのいうところのブロックチェーン民主主義を目指すものであろう。

しかし，このようなパブリック・ブロックチェーンに対し，銀行や大企業が導入を検討しているブロックチェーンは，許可された者のみが参加することが出来るプライベート（コンソーシアム）・ブロックチェーンである。そこでは草の根マイナーではなく，オーナー等が責任を持つ体制となっており，ブロックチェーンは分散的台帳システムという技術の面で活用されているに過ぎない。ブロックチェーンは，為替取引における仲介プレイヤーの排除とか，SWIFT システムに代替する役割を期待されているものであり，銀行や大企業の集権的なシステムはそのまま維持され，自衛的，自律的なシステムにはならない可能性がある[75][76]。

---

(73) ドン・タブスコットほか『ブロックチェーンレボリューション』高橋訳（ダイヤモンド社，2016年）。

(74) もっとも，マイナーの業務はコンピュータを用い，大量の電力を消費することもあって，中国政府により禁止されるまでは，大部分は中国人により担われていた。

(75) 将来的にはこのような集権型のブロックチェーンが生き残ることを予測するものとして，北野宏明「ブロックチェーンの活路は人工知能との連携にあり」ダイヤモンド・ハーバード・ビジネスレビュー（2017年8月号）25頁以下。

(76) 私が40代の業績を纏めて『行政のマルチメディアの法理論』を刊行したのは平成7年（1995年）であり，それから20年以上経っている。その後，社会・行政の情報化は大幅に進展した。しかるに50代は国立大学の法人化や情報通信行政の変容に巻き込まれて，十分にアカデミックに制度の流れを捉えることが出来ないでいた。60代になり，大学も変わってやっとある程度以上の研究業績を上げることができるようになった。本稿は，その部分的集大成ともいうべきものである。

本来ならば続編に向けて研究を続けるべきではあろうが，年齢的限界あるいはその他の事情もあって，本稿がこの分野における私の本格的業績の最後になるのではないかと予感している。若い研究者が，私の論稿を参考にしつつ，2世紀前の大陸法の仕組みから抜け出しえていないわが国の公法学を改変していくことに期待したい。

◆ **2** ◆

水銀排出規制と石炭火力発電の将来
── EU 水枠組み指令とドイツ ──

山 田　洋

Ⅰ　は じ め に
Ⅱ　EU の水枠組み指令
Ⅲ　石炭火力発電への影響
Ⅳ　水銀排出訴訟の登場
Ⅴ　悪化防止要請の展開
Ⅵ　フェーズアウトの将来？
Ⅶ　むすびにかえて

I　はじめに

1　豊富な石炭資源を有していたドイツは，発電においても，石炭火力発電大国であり，原子力発電さらには再生可能エネルギーによる発電への移行が進む現在でも，総発電量の半分近くを石炭火力発電が占め続けている[1]。そして，伝統的には，その多くを北部で露天掘りされる良質とはいえない「褐炭（Braunkohle）」に依存してきた。この褐炭による火力発電は，広大な採掘地における自然・景観破壊，採掘等による水質汚濁，燃焼による大気汚染など，ドイツにおける環境問題の代表例ともいえるもので，古くから批判に曝され続けている[2]。その結果，火力発電のエネルギー源についても，国産の褐炭から今や輸入に依存する通常の石炭（Steinkohle）へ，あるいは，なお割合は高くないものの，より環境負荷の少ない天然ガスへと移行が図られてきた。

しかし，一時は，ドイツにおいても，新たに石炭火力発電所を新増設しようという機運が高まっていた。その背景には，近年の原子力発電の存続をめぐる政治情勢の混迷と，それに伴う安定電源の逼迫への不安があることは，言うまでもない。さらに，世界的な石炭価格の低落傾向と温室効果ガスの排出権取引市場における価格低落は，石炭火力発電のコストの割安感を拡大している。他方，わが国でも喧伝されているような大気汚染対策などに関する新技術の進展によって，厳格化を続ける排出基準などをクリアーしうる石炭火力発電の可能性が開けてきたことも，発電会社による石炭火力発電の復興の動きを加速させ，10年ほど前から，各地で新たな大型石炭火力発電所の設置計画が相次いだ。

2　とはいえ，石炭火力発電所に対する逆風も，弱まっているわけではない。その最大の原因が化石燃料とりわけ石炭火力発電の宿命ともいうべき温室効果ガスの排出であることはいうまでもなく，国際的枠組みの下での気候変動対策の急がれる中，その主要な排出源の一つである石炭火力発電所の新設どころか，その存続についてさえ，風当たりは強い。これを受けて，連邦や各州の政府も，その抑制に舵を切りつつあり[3]，その新設は困難となりつつある。また，以前から，

（1）以下，ドイツにおける石炭火力発電の動向については，Klinski, Klimaschutz versus Kohlekraftwerke-Spielräume für gezielte Rechtsinstrumente, NVwZ 2015, S.1473ff.

（2）褐炭採掘をめぐる近年の動きについて，Ekardt, Eigentum, Energierecht und Gemeinwohl: Das Beispiel von Braunkohletagebauen in der Energiewande, in:Jahrbuch des Umwelt- und Technikrechts 2016, S.41ff.

（3）その法的可能性については，Klinski, NVwZ 2015, S.1475ff.

石炭火力発電所は，周辺住民・自治体や環境団体などによる反対運動や訴訟の標的となっており，原子力発電所の新設が不可能となった近年では，その主戦場となっている。

　その著名な例としては，欧州最大級の石炭火力発電所の設置計画が頓挫しているダッテルン（Datteln）発電所の事件がある。2006年にスタートしたこの計画は，従来の3つの石炭火力発電施設を廃止して，それらの総計の3倍以上の発電量の施設を新設するものであったが，周辺住民等による反対運動に曝されることとなった。新施設の設置ための土地利用に関して地元の自治体が策定した地区詳細計画（Bebauungsplan）に対して，周辺住民等から規範審査訴訟が提起され，ミュンスター高等行政裁判所は[4]，温室効果ガス削減への考慮が不十分であるなど，この計画が気候変動などに適合したエネルギー政策を定めた州計画に適合しない（あるいは衡量原則違反がある）などの理由により，計画を取消し，判決が確定したため，2010年から新施設の建設は止まっている。そして，これと連動する形で，新施設に対するイムミシオン防止法による許可も後続の判決で取消され[5]，これも確定している。さらに，従来の施設についても，州政府により計画通りの廃止が求められた結果，2014年には，発電所は完全に操業停止となった。その後，計画手続や許可手続のやり直しなどがなされているが，なお操業開始には至っていない。

　3　さて，前記の判決は，州の発展計画が気候変動への対応を「目標（Ziel）」として規定していることに着目して，これにある種の裁判規範性を読み込み，これを理由の一つとして石炭火力発電所の新設（正確には，そのための土地利用）を差止めたわけである[6]。しかし，温室効果ガスの排出は，その効果が極めて広域かつ長期的であるだけに，国全体のエネルギー政策といった政治の場においてはともかく，個別の施設をめぐる裁判の場においては，その主張に困難が伴うことも否定できない。法的にも，火力発電所についてのイムミシオン防止法に基づく許可において，温室効果ガスの排出規制を如何にして反映させるかは，なお未解決の問題である[7]。その影響もあって，近年，ドイツにおいて注目を集めているのが，石炭火力発電所からの水銀の排出の問題である。この問題は，いわゆ

（4）OVG NW, Urt.v.3. 9. 2009, DVBl. 2009, S.1385ff.

（5）OVG NW, Urt.v.12. 6. 2012, juris

（6）各州の発展計画と発電所立地の関係について，一般的には，Franßen/Grunow, Bindungswirkungen der landesplanerischen Standortvorsorge für Großkraftwerke in NW, NWVBl. 2016, S.11ff.

（7）Klinski, NVwZ 2015, S.1473f.

［行政法研究 第22号（2018. 1）］

る「水俣条約」の締結と国内法化などの影響から，わが国でも，一定の関心を集めているが[8]，地域暖房など，他の分野においても石炭への依存度の高いドイツにおいては，その燃焼による水銀排出の問題は，より深刻であり，その主要な排出源である石炭火力発電所による水銀排出に対する関心の度合いもはるかに高い。

さらに，水銀排出の規制，とりわけ，それによる水質汚濁の規制については，以下に見るように，以前からEUが強い関心を示し，各種の指令を立法化してきた。そこで，これを梃子にして，ドイツにおいて，原子力発電に続き石炭火力発電からの「離脱（Ausstieg）」を指向する主張が登場することとなるわけである[9]。以下，本稿においては，近年のドイツにおける石炭火力発電所からの水銀排出をめぐる議論の動向を管見し，そこにおける石炭火力発電の将来を考えてみたい。

II　EUの水枠組み指令

1　国際河川を多く抱えるEUにおいては，水の管理は，加盟各国のみでは対処の難しい共通の関心事であり，1970年代から，水質汚濁対策等に関して，個別的な指令（Richtlinie）が数多く制定されてきた。これらの指令を整理統合して，より効果的な水管理を実現することを目指して2000年に制定されたのが「EU水枠組み指令（Wasserrahmenrichtlinie）[10]」である。この指令には，汚染物質対策をはじめとして，水管理に関して加盟国によって実施されるべき措置が広範に規定されている[11]。

これを受けて，ドイツも，2002年に水管理法（Wasserhaushaltsgesetz）を改正して，ほぼそのまま，当該指令の内容を国内法化している。ちなみに，この水管理法については，連邦に新たに水管理に関する競合的立法管轄権を付与した基本法の改正を受けて，2009年，新法が制定されたが[12]，先の指令の国内法化の

（8）水俣条約締結に伴う水銀排出規制の国内法化について，さしあたり，大塚直「水銀に関する水俣条約の国内法対応とその評価」環境法政策学会編・化学物質の管理（2016）58頁。

（9）最近の例として，Schulte/Kloos, Europäisches Umweltrecht und das Ende der Kohlekraftwerksnutzung, DVBl. 2015, S.997ff.

（10）Richtlinie 2000/60/EG v.23. 10. 2000 zur Schaffung eines Ordnungsrahmens für Maßnahmen der Gemeinschaft im Bereich der Wasserpolitik-Wasserrahmenrichtlinie, Abl.EG.Nr.L 327/1.

（11）この指令の翻訳と解説として，藤堂薫子・佐藤恵子「EU水政策枠組指令」環境研究125号66頁。

（12）Gesetz zur Ordnung des Wasserhaushalts v.31. 7. 2009, BGBl. I S.2585.

40

部分については，大きな文言の変化もなく，現行法にも受け継がれている[13]。もちろん，この部分を含めて，同法全体がこの指令に整合するように解釈適用されるべきこととなる。

　2　さて，この水枠組み指令であるが，域内の河川域ごとに加盟国が管理計画（Bewirtschaftsplan）を策定して管理すべきこととしており，そこにおいて規定されるべき措置に関する「環境目標（Umweltziel）」として，大要，以下のように規定している（4条1項）。まず，加盟国は，すべての陸上水の状態の悪化（Verschlechtung）を防止するため，必要な措置を実施しなければならない（同項a号1，悪化防止要請 Verschlechtungsverbot）。ただし，他の手段がない優越的な公益上の必要性があり，影響を減らすためのすべての措置がとられている，といった要件を満たす場合には，例外が認められる（4条7項）。さらに，加盟国は，この指令の発効から15年以内（すなわち，2015年末まで）にすべての陸上水の「良好な状態（gute Zustand）」を達成する目的のため，水質の保護，改善および浄化を実施しなければならない（4条1項a号2，改善要請 Verbesserungsgebot）。その前提として，水域ごとの現在の状態について環境や化学物質といった観点からの「格付け（Einstufung）」がなされる。前者については5段階，後者については2段階の評価となるが，評価基準は，利用が進んだ水域か否かで異なる[14]。

　これらの要請は，やや文言を異にするものの，ドイツの水管理法においても国内法化されている。すなわち，水の「管理の目標」として，環境上あるいは化学的な状態を悪化させず，良好な状態を達成する管理が求められる（27条）。ただし，悪化防止に一定の要件の下で例外が認められているのも，指令と同様である（31条2項）。そして，良好な状態への浄化の期限については，一定の例外は認められるものの，2015年末と明記されている（29条）[15]。

　3　このような一般的な水質汚濁の防止，浄化の要請と並んで，同指令は，EUが指定した「優先危険物質（prioritäre gefählich Sache）」による汚染については，特別の措置を規定している。すなわち，加盟国は，こうした物質による汚染を段階的に削減し，これらの物質の排出や負荷を終結（beenden）または段階的に停止（einstellen）する目的のため，必要な措置をとるものとされる（4条1項

---

(13) この水管理法の2012年現在の紹介と翻訳として，渡辺冨久子「ドイツの水管理法」外国の立法254号126頁。

(14) これらの規定についての最近の論稿として，Faßbender, Das Verschlechtungsverbot im Wasserrecht-aktuelle Rechtsentwicklungen, ZUR 2016, S.195ff.

(15) これらの規定につき，Durner, in:Landmann/Rohmer, Umweltrecht, WHG, vor §§27-31（Stand 2012）.; Reinhaldt, WHG, 11.Aufl.（2014）, S.487ff.

［行政法研究 第22号（2018.1）］

a号4）。いわゆる「フェーズアウト要請（Phasing-out-gebot）」である。これを実現するために，EU委員会の提案により欧州議会と理事会が規制措置を定めることとされ，とりわけ，理事会は，こうした物質の排出等を段階的に終了するための計画（Zeitplan）を提案するべきこととされる。そして，この計画の期限は，提案が議会や理事会により決定されてから20年を超えてはならないとされているのである（16条1項，6項）(16)。

　この条項を受けて，EUは，2008年に「水質規範指令」(17) を制定し，水銀，カドミウムなどを最初の優先危険物質に指定した。しかし，その削減のための具体的な措置については，加盟国間の協議が整わず，これらの物質の排出基準等は加盟国に任された状態にある（枠組み指令16条8項）。また，これらの物質削減のEUレベルの計画も決定されていない。したがって，ドイツにおいても，水銀排出の基準はあるものの，フェーズアウト要請を受けた削減計画はないのが現状である(18)。

Ⅲ　石炭火力発電への影響

　1　以上のようなEUの水枠組み指令やドイツの水管理法の規定を前提とすると，とりわけ，水銀の排出については，以下のような主張が容易に導き出されることになる。すなわち，少なくとも河川等への水銀の排出を増加させることは，たとえ，それが排出基準等を下回るとしても，指令や法の「悪化防止要請」に抵触し，許されないことになる。さらに，ドイツの多くの主要河川の水銀汚染は，生物への蓄積などを考慮すると，かなり深刻といわれ，到底，「良好な状態」とは言い難く，2015年末までに浄化しなければならず，これをさらに汚染することは，「改善要請」にも反することになる(19)。

　さらに，指令は，水銀等の「フェーズアウト」を求めているが，その期限を明確に定めているわけではない。しかし，削減計画の期間が20年を超えないこととされていることから考えると，その優先危険物質への指定から20年間で「フェーズアウト」させることが想定されていると考えるのが自然であり，水銀等の指定

---

(16) 詳細な分析として，Pieper, Die Beachtung der wasserrechtlichen Phasing-Out-Verpflichtung im Anlagengenehmigungsrecht (2014), S.22ff.

(17) Richtlinie 2008/105/EG v.16.12.2008 über Umweltqualtätsnormen im Bereich der Wasserpolitik, Abl. EG. 348/84.

(18) Pieper, aaO. (Fn.16), S.77ff.

(19) さしあたり，Laskowskie, Kohlekraftwerke im Licht der EU-Wasserrahmenrichtlinie, ZUR 2013, S.131 (140f.).

は2008年末であるから，2028年末が期限ということになる[20]。そして，これが国内法化されていなければ，加盟国内にも直接適用されると考えられる。そうなると，2029年以降まで水銀排出を認める措置をとることはもちろん，その時点での「ゼロ・エミシオン」を困難にする措置をとることも，加盟国は許されないこととなる。

　さて，石炭火力発電所は，燃焼施設として，イムミシオン防止法の許可を要するが，冷却水などのために河川等からの取水と排水が伴うため，水管理法による水利用の「許可（Erlaubnis）」を要することとなる（8条）。とりわけ，ドイツにおいては，石炭燃焼による排煙の浄化に水を用いてきたため，石炭火力発電所からの一定の水銀を含有する排水は不可避とされてきた[21]（大気を経由した水質汚染についても，水利用の許可で考慮すべきであるとする主張もある）[22]。もちろん，排出基準の遵守等は，許可の要件とされているが，こうした法定要件に反しないかぎりは，許可の是非についての判断は，水管理に関する広範な裁量（Bewirtschaftsermessen）に委ねられることにはなる[23]。しかし，たとえ排出基準等を満たしていても，前記のようなEU指令等による諸要請を無視して水銀排出が不可避な石炭火力発電所に水利用の許可を与えることは，法令違反または裁量の濫用であると考えられるわけである。こうした見解が環境団体等により主張され，学説においても，これを支持するものが少なくない状況にある[24]。

　2　もし，このような見解に立つとすれば，ドイツにおいては，石炭火力発電所の新増設が不可能となるばかりではなく，現存する発電所の存続すら危ぶまれることとなる。当然のことながら，影響はEU全域に及び，石炭への依存度の高いポーランドなどの諸国に対しては，より甚大な結果をもたらすこととなりかねない。もちろん，こうした考慮もあって，先に述べた見解に対しては，連邦政府などによって異論[25]も呈されることとなっている。

---

(20) こうした見解として，たとえば，Pieper, aaO.（Fn.16），S.45ff.

(21) Schulte/Kloos, DVBl. 2015, S.997. この結果，ドイツにおける石炭火力発電に伴う排水による水銀排出は，わが国に比べて，格段に大きくなっているものと考えられるが，こうした技術的相違がある理由は，判然としない。

(22) たとえば，Kremer, Zur Erfordlichkeit eines wasserrechtlichen Genehmigungs-verfahrens beim Eintrag von Luftschadstof in Gewasser, ZUR 2009, S.421ff.

(23) Reinhaldt, aaO.（Fn.15），S.289ff.

(24) 代表的なものとして，Ginsky, Die Pflicht zur Minderung von Schadenstoffeinträgen in Oberflächengewässer, ZUR 2009, S.515ff.; Ekardt/Steffenhagen, Kohlekraftwerkbau, wasserrecht Bewirtschaftungsziele und das Klimaschutzrecht, NuR 2010, S.S.705ff.;Köck/Möckel, Quicksilberbelastungen von Gewässern durch Kohlekraftwerke, NVwZ 2010, S.1390ff.; Laskowskie, ZUR 2013, S.131ff.; Schulte/Kloos, DVBl. 2015, S.997ff.

まず，指令や水管理法の規定する「悪化防止要請」や「改善要請」については，その法的性格に疑問の余地がある。そもそも，これらの要請は，EU指令においては，河川の管理計画策定の留意事項として規定されているものであり，これを受けた水管理法においても，水管理の目標として規定されている。こうした点から考えると，これらの要請は，ある種の政策目標に過ぎず，具体的な許認可等の要件として機能することは予定されていないとも考えられる[26]。

さらに，指令の「悪化防止要請」により禁止される「悪化」の意味についても，見解の相違がある。先に述べた水銀排出の増加を禁ずるものとする見解においては，この要請は，字義どおり，現状の水質を悪化させることのすべてが禁じられると解されている。ところが，これについては，先にも触れた指令の規定する各種の水質評価の段階（格付け）を前提とするもので，このような段階を低下させることのみが「悪化」であると解する見解がある[27]。すなわち，指令（付表５）は，河川等毎の汚染状況を各種の評価要素ごとに５段階評価し，それを総体として５段階（化学物質汚染については，「良」と「不良」の２段階）に評価する仕組みを規定しているが，この総体評価を悪化させることをもって「悪化」と考えるわけである。この見解を前提とすれば，少なくとも悪化防止要請との関係では，たとえ水銀の排出を増加させても，段階を低下させない限りは問題ないこととなり，とりわけ，すでに化学物質汚染が進行して「不良」の状態にある河川等については，現状の悪化も許容しうることとなる。また，「改善要請」についても，石炭燃焼に関する現在の技術などに照らせば，水銀汚染に係る指令が定める各種の基準を満たすことは可能であるし，各種の例外も認められているため，そうした意味では「良好な状態」は達成できるから，石炭火力発電所の設置の妨げにはならないとする見解がある[28]。

3　さらに議論が多いのは，「フェーズアウト要請」である。とりわけ，この要請について，2028年を期限とした水銀の「ゼロ・エミシオン」の要請を読み込むことについては，その要請内容についても，その期間の算定についても，さまざまな批判がある。もちろん，その根底には，これによって期限内に域内の石炭

---

(25)　連邦環境省の見解と見られるものとして，Jekel/Munk, Phasing-out für prioritäre gefähriche Stoff-Was regelt die EG-Wasserrahmenrichtlinie wirklich? ZUR 2013, S.403ff.

(26)　Durner/Trillmich, Ausstieg aus der Kohlenutzung kraft europäischen Wasserrechts? DVBl.2011, S.517（520f.).

(27)　いわゆる「現状説（Status-quo-Theorie）」と「段階説（Zustandsklassentheorie）」の対立であるが，これについては，Reinhaldt, aaO.（Fn.15), S.293f.

(28)　Durner/Trillmich, DVBl.2011, S.521.

火力発電所を全廃するという結果を非現実的とする見方がある。こうした解釈は，加盟国に過度の負担を強いる点で「比例原則」に違反し，加盟国のエネルギー政策を過度に制約する点で「補充性原則」に違反するといった主張がなされることともなる[29]。

そもそも，文言上も，指令が一定期間内に水銀排出を全廃することを想定しているのか否かについては，疑問の余地もある。むしろ，その排出を最小化するために段階的に削減を進めていくというのが指令のコンセプトであるとも考えられるのである。そうであるとすれば，削減計画の20年という期間も，この期間内に排出を全廃することを求めるものというよりも，むしろ，計画の見直しの期間と位置づけられることになろう[30]。

IV　水銀排出訴訟の登場

1　さて，このようなEU指令と水管理法の理解に関する見解の対立を背景として，石炭火力発電所の設置を争う裁判において，そこでの水銀排出規制の影響を判断する二つの判決が相次いで登場する。トリアネル（Trianel）事件[31]とモアブルク（Moorburg）事件[32]に関する二つの高等行政裁判所の判決である。いずれの判決も，結果的には，原告の環境団体が勝訴しており，石炭火力発電所に対する風当たりの強さを感じさせるが，いずれも水銀排出を理由としているわけではない。そうした意味では，いずれの判決においても，水銀排出に関する判断は傍論に止まるといえるが，石炭火力発電所における水銀排出の問題について裁判所が踏み込んだことは，広く注目を集め，これをめぐる議論をさらに過熱させることとなる。

2　まず，トリアネル事件であるが，2006年頃からトリアネル社がリューネ（Lünen）近郊の運河沿いに設置を計画した大型石炭火力発電所をめぐる訴訟である。ここでは，これに対するイムミシオン防止法に基づく予備許可が環境団体に

---

(29) Spieth/Ipsen, Verbietet die Wasserrahmenrichtlinie den Bau von Kohlekraftwerken? NVwZ 2011, S.536ff.; Durner/Trillmich, DVBl.2011, S.517ff.; Jekel/Munk, ZUR 2013, S.403ff.

(30) 他方で，指令に一定の拘束力を認めつつも，石炭火力発電所の設置が即時にできなくなるわけではないとする折衷説として，Reihaldt, Wasserrecht und Industrieanlagen, NuR 2011, S.624ff.; Gellermann, Europäische Wasserrecht und Kohlenutzung in Perspektive des Primärrechts, NVwZ 2012, S.850ff.; Pieper, aaO. (Fn.16), S.153ff.

(31) OVG NW, Urt.v.1. 12. 2011, ZUR 2012, S.372ff.

(32) OVG Hamburg, Urt.v.18. 1. 2013, ZUR 2013, S.375ff.

[行政法研究 第22号(2018. 1)]

よって争われている。同発電所においても，河川からの冷却水の取水も煙浄化装置からの水銀を含む汚水の河川への排出が予定されており，大気汚染等を審査対象とするイムミシオン許可においても，取水と排水に関する概括的な審査がなされることから，その取消訴訟において，水銀汚水排出の問題が争うこととなった。とりわけ，予定地の周辺にEU法上の動植物の生息保護地域（FFH）が存在したため，それへの影響が大きな争点となっている。

　ミュンスター高等行政裁判所の判決は，鑑定などによる水銀排出量の予測を検討したのち，生物への蓄積などを勘案すると，発電所による水銀排出は，たとえ排出基準を下回るものであっても，軽視できるものではないとする。しかし，事業者が毎年一定の排出量削減を義務付けられていること，河川管理者が水銀汚染削減の措置をとるとしていることなどを考慮すると，発電所による水銀排出により，水銀汚染が現状より悪化する蓋然性は低く，また，浄化の可能性が大きく減少するとは認められないとするのである。直接の言及はないものの，悪化防止要請や改善要請を意識した判示と思われる。

　さらに，判決は，「フェーズアウト要請」に言及する。EU指令の内容や立法経緯を分析したのち，結論として，判決は，2008年の水銀の優先物質への指定は，フェーズアウトの削減方法等を定めるものではないから，その期間の起算点となるものではないとする。その結果，それが可能か否か，さらには，それが石炭火力発電の全廃をもたらすか否か等はともかく，2028年に水銀の排出が完全に排除されるわけではなく，したがって，それを超えて石炭火力発電所を許可することも許されるとしているのである。

　3　もっとも，判決は，動植物生息保護地域への影響の評価に関する不備を理由として，この許可を取消しており[33]，ここに判決の重点があることは疑いない。とくに，イムミシオン許可の前提としての概括的評価という枠組みの下での水銀排出の判断であるだけに，やや簡単に事前の鑑定等を追認し，この問題への踏み込みを躊躇している印象は否めない。しかし，はじめて裁判所が石炭火力発電による水銀排出の問題に向き合うこととなったことには，それなりの意味があり，とりわけ，「フェーズアウト要請」の議論の活発化の契機となったものと考えられるのである。ちなみに，同発電所は，環境影響評価のやり直しのため，かなり予定より遅延したものの，再度の許可により操業開始にこぎつけている。

---

(33) この判決に対する州側の上告を却下した決定として，BVerwG, Beschl.v.5. 9. 2012, ZUR 2013, S.69f.

V　悪化防止要請の展開

　1　これに続く2013年のモアブルク事件のハンブルク高等行政裁判所判決は，ついに，「悪化防止要請」を適用し，それへの違反を理由として，石炭火力発電所の許可を取消すにいたったため，より大きな反響を呼ぶこととなった。この施設も，2000年代の半ばにスウェーデンの電力会社であるヴァッテンファル（Vattenfall）社によって計画されたハンブルク市内モアブルクのエルベ川に面した石炭火力発電所であるが，その立地が市街地であるだけに，付近住民などによる大気汚染等を危惧する激しい反対運動に直面している。ここでは，発電所の冷却や排煙浄化などための水管理法による水利用の許可が環境団体等によって争われている。ちなみに，この許可は，厳しい水利用規制の条件が付された州当局による当初の許可が国際仲裁手続の結果として緩和されたという，いわくつきのものである[34]。

　この判決において，主要な争点となっているのは，温排水による河川の水質悪化である。発電所の冷却水として使われた大量の温排水が河川に放出されることにより，魚類への悪影響等を伴う水質悪化が危惧され，これが「悪化防止要請」に違反しないかが争われたのである。

　2　さて，判決は，この要請につき詳細に検討したのち，結論として，まず，この要請が単なる政策目標ではなく，法的許可要件であることを明言する。さらに，それによって禁止される悪化についても，水質の評価段階（格付け）の低下をもたらす悪化，あるいは，一部の学説で主張されるような「重大な（erheblich）」悪化に限定されるものではなく，現状からの悪化のすべてを意味するとする[35]。そして，本件の水質悪化について，法が許容する例外（31条2項）に該当するかを詳細に検討して，発電所設置の公益性は認めたものの，冷却方法の変更により温排水を大幅に減量できるとし，これを採用していない限りにおいて，本件の悪化は例外的に許容することはできず，許可は，悪化防止要請に違反するとされたのである。

---

(34) こうした経緯につき，原田大樹「政策実現課程のグローバル化とEU法の意義」EU研究2号30頁（53頁）。さらに，Berkemann, Fischtod durch Kühlwasserentnahme-Der Fall Moosburg（EuGH）, ZUR 2017, S.404ff.

(35) この判決における悪化防止要請等の判示を詳細に分析するものとして，Franzius, Das Moorburg-Urteil des OVG Hamburg-Schlaglichter auf das Umweltrecht von heute, NordÖR 2014, S.1ff.; Ekardt/Wyland, Neues von wasserrechtlichen Verschlechtungsverbot und Verbesserungsgebot, NuR 2014, S.12ff.

［行政法研究　第22号（2018.１）］

　もっとも，この判決においても，水銀排出の問題は，事前の許可手続において
争点とされていなかったために主張自体が排斥されており，悪化防止要請との関
係でも，争点とされていない。全くの傍論かつ一般論として，フェーズアウト要
請に触れられており，先のトリアネル判決と類似の見解が示唆されているに止ま
る。

　ちなみに，この判決に対しては，州政府により連邦行政裁判所への上告がなさ
れている。そして，原告による執行停止の申立てが排斥されたため[36]，上告審
への係属後も工事等は進行し，予定より大幅に遅延したものの，1915年には，一
度は操業が開始された。ところが，EU委員会により条約違反手続が提起され，
それを受けたEU裁判所2017年４月26日判決[37]において，本件許可について，
冷却水の取水などによる上流の動植物保護地域（FFH）に俎上する魚類への影響
などが十分に評価されていないとして，それが動植物保護指令に違反することが
確認されている。これによって，同発電所は，冷却水の取水を大幅に制限される
形での部分操業を余儀なくされることとなっているが，連邦行政裁判所における
上告審は，なお継続中であり，同発電所をめぐる紛争は，とりわけ悪化防止原則
との関係では決着していない。

　3　ただし，この事件における高等行政裁判所判決に示された許可要件として
の悪化防止要請の理解は，水銀排出の問題においても突破口を開くものとなりう
るはずである。そして，この判決と類似の理解がEU裁判所の判決[38]において
も確認されることとなっている。この事件は，連邦水路浚渫工事の計画確定決定
において水質汚濁などが争われた取消訴訟について，それへのEU水枠組み指令
による「悪化防止原則」などの適用につき，ドイツの連邦行政裁判所が先決決定
（Vorabentscheidung）を求めたものである[39]。そこでは，「悪化防止原則」や「改
善要請」が許可要件なのか政策目標なのか，さらに，「悪化防止要請」にいう「悪
化」の意味は何か，が問われている。

　まず，最初の問題について，判決は，「悪化防止要請」と「改善要請」について，
これが単なる政策目標ではなく，個別の許認可の要件となることを明確に認めて
いる。水質を現状より「悪化」させ，または，所定の期限までの「改善」を困難
にするような事業等を許可することは，指令の文言や目的に照らして，指令違反

---

(36)　BVerwG, Beschl. v. 16. 9. 2014, NVwZ 2015, S.82.

(37)　EuGH, Urt.v.1. 7. 2017, ZUR 2017, S.414ff. この判決について，Berkemann, ZUR 2017,
　　　S.404ff.; Stüer, Anmerkung, DVBl.2017, S.841ff.

(38)　EuGH, Urt.v.1. 7. 2015, NVwZ 2015, S.1041ff.

(39)　BVerwG, Beschl.v.11. 7. 2013, juris

となり，加盟国は，こうした許可を拒否すべきであるとするのである。この点では，ドイツ政府の主張は，完全に退けられている。

さらに，「悪化」の意味については，これが指令の規定する水質の段階評価を前提とすることは認めている。しかし，ドイツ政府等が主張するような水質の総体的評価に関する段階評価の低下のみが「悪化」なのではなく，個別の評価要素それぞれの段階評価の低下のみで「悪化」といえるとする。さらに，ある要素の現状が5段階の最下位と評価されるときは，それ以上の汚染が許されなくなるとしている。これにより，ある程度の新たな排出は許容される余地が残ることとなったが，それには，かなり厳格な枠がはめられたとも考えられる[40]。いずれにせよ，こうした浚渫による水質汚濁についての判断方法が水銀等の化学物質汚染にも適用可能か否かについては，なお，残された問題といえる。

Ⅵ　フェーズアウトの将来？

1　悪化防止原則の適用について，厳格な判断が示されるなど，活性化しつつある水枠組み指令による水銀排出規制の下において，ドイツの石炭火力発電に将来は在るのか。この問題を占う手がかりとして，最後に，2015年夏に出されたシュタウディンガー（Staudinger）発電所をめぐるカッセル高等行政裁判所の[41]判決を紹介しておこう。水銀排出の是非が正面から争われた本件において，結論としては，判決は，石炭火力発電所の水利用のための許可を適法として取消し請求を棄却しているが，現実の事件の結末は，石炭火力発電の将来にとって，決して明るいものとはいえない。

このシュタウディンガー発電所は，マイン川沿いに立地するヘッセン州最大の発電所であるが，1960年代に設置された3つの石炭火力発電施設（B1から3）と1977年設置の天然ガス火力発電施設（B4），さらに1992年設置の石炭火力発電施設（B5）の5つの発電施設からなる。この発電所においても，先に触れたダッテルン発電所とほぼ同じ時期の2006年に，3つの古い石炭火力発電施設（B1から3）を廃止して新たに1.5倍ほどの新火力石炭発電施設（B6）を設置する計画

---

(40) この判決は，広く注目され，その射程などについて，極めて多くの論稿があるが，代表的な水法研究者によるものとして，Reinhardt, Das Verschlechtungsverbot der Wasserrahmenrichtlinie in der Rechtsprechen des Europäischen Gerichtshofs, UPR 2015, S.321ff.; Faßbender, Das Verschlechtungsverbot im Wasserrecht-aktuelle Rechtsentwicklungen, ZUR 2016, S.195ff.

(41) VGH Hessen, Urt.v.14. 7. 2015, ZUR 2016, S.44ff.

が発表され，ここでも，マイン川の汚染の悪化などを危惧する付近住民や自治体などによる激しい反対運動が起こることとなった。しかし，2010年末から翌年には，新たな石炭火力発電施設（Ｂ６）に対するイムミシオン防止法による許可，2012年３月には，存続する石炭火力発電施設（Ｂ５）と天然ガス火力発電施設（Ｂ４）に新発電施設（Ｂ６）を加えた水利用についての水管理法による許可がなされ，これらに対して環境団体から取消訴訟が提起されることとなった。ちなみに，水利用の許可においては，水銀の排出について，2018年までに現状より半分以下まで削減すべきことが命じられている。

　一方，本来は2012年末までに予定されていた新発電施設（Ｂ６）の稼働が遅延したため，同時に予定されていた旧施設（Ｂ１から３）の操業停止の延期を発電会社は求めたものの，これもダッテルン発電所と同様，監督官庁により拒否されたため，これらの施設は予定どおり廃止されることとなった。そして，結局，2012年末には，発電会社は，新火力発電施設（Ｂ６）の設置についても，経済性などを理由として断念することとなり，これに関する許可も取消されることとなった。また，天然ガス火力発電施設（Ｂ４）は，以前から，採算性を理由としてリザーブ電源とされて操業を停止しており，廃止も予定されている。この結果，シュタウディンガー発電所については，１か所の石炭火力発電施設（Ｂ５）のみが残され，従来の半分以下の総発電量で操業することとなった。訴訟についても，残された施設に関する水利用の許可の取消請求のみが継続することとなり，もっぱら，それによる排水の継続の可否が争われることとなったのである。

　２　さて，この訴訟において，原告である環境団体は，施設からのマイン川への水銀排出の問題を中心として，さまざまな違法事由を主張し，この中で，前節で触れた「悪化防止要請」「改善要請」さらには「フェーズアウト要請」などへの違反などを主張しており，カッセル高等行政裁判所は，これについて判断を下している。そして，この判決も，直前の前記のＥＵ裁判所判決を前提とし，その判断枠組に添って「悪化防止要請」や「改善要請」について判断している。ただし，この事件においては，新石炭火力発電施設の設置が断念されており，既設の発電施設の過半も操業を停止しているため，そもそも「悪化」は，問題になりにくい事件となっている。既設の施設についても，判決は，浄化措置により，今回の許可後は，水銀の排出は従来よりも低下すると認めている。もっとも，原告は，マイン川の水質は，すでに「不良」の状態にあり，2016年以降も，これに水銀の排出を継続することは改善要請に反するなどと主張している。しかし，判決は，先のＥＵ裁判所の判決においては，新規の汚染源の許可が問題とされているのであって，従来からの排出を継続（さらには削減）する許可が改善要請に抵触する

余地はないとしている。

　一方，水銀等の優先危険物質についての排出の「フェーズアウト要請」については，浚渫による水質汚濁が争われた先のEU裁判所の判決の争点とはなっておらず，その意味に関する争いは，なお未決着である。シュタウディンガー判決は，EU指令等の全体的システムから考えると，排出限界値の設定以外に，水銀等の削減のための具体的な方策が規定されているわけではなく，2028年以降についても，完全な水銀排出の停止を定めているわけではないとする。そのことから，現状において，この要請から絶対的な水銀排出の禁止を導くことはできないとして，本件の許可が違法ということはできないとするが，先のトリアネル判決を引用するのみで，必ずしも詳細な議論が展開されているわけではない。

　3　くりかえし述べてきたように，この判決の結論には，既存施設の継続が争われているという本件の性質が反映しており，新設の施設については，別の枠組みが登場することも予想される。結局，今のところ，ドイツの裁判所は「フェーズアウト要請」の適用には消極的ということになろうが，水銀規制への悪化防止原則の適用などと合わせて，早晩，連邦行政裁判所さらにはEU裁判所が判断を迫られることが予想され，石炭火力発電等の将来に直結するものだけに，その結論が注目されよう。

Ⅶ　むすびにかえて

　1　以上，概観してきたように，ドイツの石炭火力発電の将来は，温室ガス対策の観点はもとより，水銀の排出規制の観点からも，明るいものとは言えない。おそらく，少なくとも，施設の新設については，法的にはともかく，社会的には，かなり見通しは厳しいというべきであろう。わが国も，水銀の排出については，水俣条約によって，ある種の「フェーズアウト」を求められることになる[42]。しかし，ドイツと比べて，石炭火力への依存度が低く，また，技術の相違により発電量当たりの水銀排出量もけた違いに低いとされるわが国の目から見ると，これまで紹介してきたドイツの議論の現状は，時代遅れの議論との評価もありえよう。また，水銀についての「ゼロ・エミシオン」といった議論は，およそ荒唐無稽の印象すら与えたかもしれない。

---

(42) 石炭火力発電所を含めて，少なくとも，実行可能な最良の技術による水銀排出の削減が求められることにつき，高村ゆかり「水銀条約——その特質と課題」環境法政策学会編・化学物質の管理45頁（50頁）。

［行政法研究 第22号（2018. 1）］

　もちろん，彼の地においても，すでに触れたように，技術の進歩を強調する議論やゼロ排出の非現実性を指摘する議論は少なくない。にもかかわらず，原子力発電に次いで，石炭火力発電からの撤退が真面目に議論の俎上に上がり，それが社会的政治的にも相当の影響力を持っているという現実については，それなりの注目に値するように思われる。

　2　さらに，こうした社会現象がドイツに特殊なものではなく，EU法への反映が示唆するように，一定の程度，ヨーロッパ全体に広がりをもつものであるとも考えられる。もちろん，そこでの石炭火力発電の全廃といった事態が短期的に起こるとは考え難いが，そうした方向での政策転換は，ありえなくはない。

　もし，多くのヨーロッパの先進国が石炭火力発電の削減に舵を切ったとしたら，わが国のみ，技術の優位を主張して石炭火力発電所の新設等を継続することが長期的に可能なのか[43]。それが本当に国益に資することになるのか。全くの仮定の問題ではあるが，考えてみる価値はあるのかもしれない。

---

(43) 水銀を含む健康リスクに関する実態把握が不十分であることを指摘しつつ，わが国の石炭火力発電所増設の政策が「国際的に孤立している」と批判するものとして，平田仁子「日本の石炭火力発電の動向と政策」環境と公害46巻1号29頁。そのほか，わが国における石炭火力発電をめぐる最近の動向について，島村健「石炭火力発電所の新増設と環境影響評価（1）（2完）」自治研究92巻11号77頁，93巻1号40頁。

◆ **3** ◆

都市縮退時代における都市計画法制の転換

三好　規正

Ⅰ　は じ め に
Ⅱ　開発許可取消訴訟の原告適格と訴えの利益
Ⅲ　土地利用規制と開発許可制度の課題
Ⅳ　都市縮退を見据えた都市法制のあり方
Ⅴ　お わ り に

行政法研究　第22号（2018年1月）

I　はじめに

　2002年1月に国立社会保障・人口問題研究所が推計した「日本の将来推計人口」によると，わが国の総人口は2004年の1億2748万人をピークに，2050年には9203万人にまで減少し，老年従属人口指数（65歳以上の老年人口を15歳から64歳までの生産年齢人口で除した値）は，2030年代には50％台，2050年には67％に上昇すると予測されている。人口減少に伴って都市域が縮小し，道路，下水道などのインフラ施設の効率性の悪化と維持管理経費の増大，無秩序に発生する空地・空家による生活環境の悪化や商店等の廃業による生活利便性の低下などの問題も指摘されている。

　このような中で，経済と人口の右肩上がりを前提に，都市への急激な人口集中に伴うスプロール防止と不足する都市施設の整備を主眼として1968年に制定された現行の都市計画法が抜本的見直しを迫られることは不可避であり，都市の「縮退」（shrinking）を前提とした都市政策の転換が課題となっている。国においても郊外市街地の土地利用転換を進める「スマートシュリンク」の具体方策として，住宅用地以外の土地について，不在地主など従前地権者の継続的保有を前提に，農地・樹林地等に土地利用転換を図る手法を検討するとしている[1]。また，社会資本整備審議会都市計画・歴史的風土分科会都市計画部会の都市計画制度小委員会が，2012年に中間とりまとめとして公表した「都市計画に関する諸制度の今後の展開について」（以下，「2012年中間とりまとめ」という）は，目指すべき方向として，日常生活に必要なサービスや行政サービスが住まいなどの身近に存在する「集約型都市構造化」，まとまった緑と農地の保全を図る「都市と緑・農の共生」及び住民，NPOなどの「民間活動の重視」を挙げている。しかし，現行の都市計画制度は，建築自由という考え方が根底にあるため，都市計画区域，区域区分や開発許可の制度の運用によっても，無秩序な市街地の拡大に伴う地域環境の悪化，公共インフラの維持管理等に必要な行政コストの増大といった諸課題に実効的な対応ができているとはいえないのが現状であり，都市機能のコンパクト化の実現に向けた課題は少なくない。

　また，開発予定地周辺の環境悪化等を理由とする開発許可取消訴訟などの紛争

（1）国土交通省都市・地域整備局市街地整備課及び今後の市街地整備制度のあり方検討会「今後の市街地整備の目指すべき方向 ── 制度の充実に向けて」（2008年6月）（http://www.mlit.go.jp/common/000016712.pdf）。

もしばしば発生しているが，これまでの判例では，取消訴訟の原告適格は極めて狭隘なものとされており，狭義の訴えの利益についても開発工事完了後は原則として消滅すると解されているなど，かねてから学説の批判が強い。これは，限られた資源である土地の適正利用によって住民が享受すべき生活環境，都市景観など多様で多層的な共通利益，空間的利益が保護利益として承認されてこなかったことに起因するものであるが，開発許可という個々の行政処分の違法性に関する法解釈の問題としてとらえるだけでなく，開発許可制度と土地利用計画をめぐる法政策についての検討も必要である。

　さらに，都市計画は，将来の都市像も含めた空間利用についての地域的ルールを設定し，財産権に対する社会的拘束を伴うものであることから，地域住民の社会的合意の形成が不可欠であり，計画策定過程において多段階の住民参加が保障されなければならない。

　本稿ではこのような問題意識に基づき，都市縮退を背景とした，持続可能な都市法制のあり方等について考察してみたい。

II　開発許可取消訴訟の原告適格と訴えの利益

1　都市計画法の土地利用規制と開発許可の仕組み

　本節では，まず都市計画法の開発許可に関する法制度について概観してみることとする。現在の都市計画法は，高度成長期における都市への人口流入に伴う都市内の環境悪化や都市周辺の無秩序な市街化といった問題の発生に対処するため，1919年制定の旧都市計画法に代えて，①行政区域にとらわれない広域都市計画区域の設定，②スプロール防止のための線引きと開発許可制度の導入，③住民参加手続きの拡充を柱として，1968年に制定されたものである[2]が，その後，いく度かの改正[3]を経て今日に至っている。

（1）都市計画区域と開発許可

都道府県は，「一体の都市として総合的に整備し，開発し，及び保全する必要

（2）石井喜三郎「これからの都市政策の課題と都市計画法の抜本改正」新世代法政策学研究3号（2009年）223頁。

（3）石井・前掲注（2）225頁によると，現在までの改正は，①良好な居住環境の要請によるもの（地区計画制度など），②規制緩和やプロジェクトの要請によるもの（再開発地区，特例容積制度，都市再生特別地区など），③都市構造の調整の要請によるもの（大規模小売店舗等の郊外立地規制を導入した「まちづくり三法」の制定・改正など），に大別できる。

［行政法研究 第22号(2018.1)］

がある区域」を都市計画区域として指定するものとされている（都市計画法（以下，法という）5条1項前段，2項）。また，都市計画区域外の区域のうち，「相当数の建築物その他の工作物……の建築若しくは建設又はこれらの敷地の造成が現に行われ，又は行われると見込まれる区域を含み，かつ，……そのまま土地利用を整序し，又は環境を保全するための措置を講ずることなく放置すれば，将来における一体の都市としての整備，開発及び保全に支障が生じるおそれがあると認められる一定の区域」を準都市計画区域として指定することができる（法5条の2第1項）。

都道府県は，都市計画区域について無秩序な市街化を防止し，計画的な市街化を図るため必要があるときは，都市計画に，市街化区域と市街化調整区域との区分（区域区分。いわゆる「線引き」）を定めることができる（法7条1項）。区域区分については，2000年の改正に伴い，三大都市圏の既成市街地とその周辺及び指定都市を除き，任意の選択とされた。しかし，このことが居住地が郊外に広く薄く拡大する要因になったとの指摘がある[4]。

市街化区域は，「すでに市街地を形成している区域及びおおむね10年以内に優先的かつ計画的に市街化を図るべき区域」（法7条2項），市街化調整区域は，「市街化を抑制すべき区域」（法7条3項）であり，前者については，都市計画に用途地域（法8条1項1号）が定められるが，後者については，原則として用途地域は定められない（法13条1項7号）。用途地域外のいわゆる白地地域においては，建ぺい率・容積率の規制はかかるものの，用途についての規制はなく，農地法等他法令の規制に従って建築物等の建築が可能である。このため急速に宅地化が進行し，今後は空き家の増加も懸念されている。なお，2000年に導入された準都市計画区域については，都市計画区域の外側の地域における無秩序な土地利用のコントロールのため用途地域（法8条2項）を定めることができる。都市計画区域は，国土面積の4分の1程度であり，線引き区域はその半分にすぎない[5]。

都市計画区域又は準都市計画区域において開発行為をしようとする者は，原則としてあらかじめ都道府県知事の許可を受けなければならない（法29条1項）。開発許可制度は，市街化区域および市街化調整区域の制度を担保する制度として設

（4）香川県では2004年に全ての都市計画区域の線引きを廃止した結果，旧市街化区域ではない郊外での新築住宅の開発が急増し，市中心部の人口減少と農地の虫食い状の宅地化が同時に進行したことが指摘されている。野澤千絵『老いる家　崩れる街　住宅過剰社会の末路』（講談社現代新書，2016年）165頁〜166頁参照。

（5）都市計画区域は国土面積3779万 ha の約25％にあたる約1000万 ha，うち線引きされた都市計画区域は51.7％（市街化区域約27.8％，市街化調整区域約72.2％），非線引きは48.3％となっている。

けられたものであり，開発行為に対して，一定の水準を保たせるとともに，市街化調整区域内では，一定の開発行為を除いて，開発行為を行えないこととして，線引きの目的を達成しようとするものである[6]。「開発行為」とは，「主として建築物の建築又は特定工作物の建設の用に供する目的で行なう土地の区画形質の変更」をいう（法4条12項）。したがって，屋外駐車場，資材置場，廃棄物集積場などの造成目的の場合，環境への影響の有無にかかわらず，開発規制の対象とはならない。また，「変更」とは，道路等の公共施設の新設・変更を伴うもの，切り土・盛り土等の造成工事を伴うもの，農地利用から宅地目的への変更等を指し，建築物等の建築と一体とみられる土地の掘削・基礎うち，へい・かき・さく等の除去等による形式的な区画の分割・統合によって建築物等を建築する行為なども規制対象とならないため，土地造成がなされた既存市街地において許可を要する行為は限られたものとなる[7]。許可が必要となるのは，市街化区域で1,000平方メートル以上（三大都市圏の既成市街地等の市街化区域では500平方メートル以上），非線引き都市計画区域及び準都市計画区域で3,000平方メートル以上，都市計画区域外では1ヘクタール以上の開発行為を行う場合である。

　開発許可の基準については，法33条1項各号に列挙されており，良好な都市環境の実現を主たる目的として，環境保全，災害防止の観点から，市街化区域，市街化調整区域の別を問わず，すべての開発行為について適用される。都道府県知事は，申請された開発行為が許可基準に適合していると認めるときは，開発許可をしなければならない。一方，市街化調整区域における開発許可については，法33条所定の要件に加え，法34条各号に定めるいずれかの基準に該当すると認める場合でなければ，都道府県知事は，開発許可をしてはならない。したがって，前者は，市街地として最低限度必要な水準を確保するために設けられた「技術基準」であり，後者は，本来開発行為の許されない市街化調整区域において，例外的にその場で開発行為が許容される基準として「立地基準」といわれている[8]。

（2）検査済証の交付

　開発許可を受けた者は，当該開発行為に関する工事が完了したときは，その旨を都道府県知事に届け出なければならず（法36条1項），都道府県知事は，届出があったときは，遅滞なく，当該工事が開発許可の内容に適合しているかどうかに

（6）大塩洋一郎編著『日本の都市計画法』（ぎょうせい，1981年）328頁。
（7）開発許可制度研究会編『最新　開発許可制度の解説　第3次改訂版』（ぎょうせい，2014年）40頁。
（8）安本典夫『都市法概説〔第2版〕』（法律文化社，2013年）76頁。

ついて検査し，その検査の結果当該工事が当該開発許可の内容に適合していると
認めたときは，検査済証を開発許可を受けた者に交付し（同条2項），工事が完
了した旨を公告しなければならない（同条3項）。

（3）建築制限
　開発許可を受けた開発区域内の土地においては，工事完了公告があるまでの間
は，建築物を建築し，又は特定工作物を建設してはならない（法37条1号）。また，
開発許可を受けた開発区域内の土地においては，工事完了公告があった後は，当
該開発許可に係る予定建築物等以外の建築物又は特定工作物を新築又は新設して
はならず，また，建築物を改築し，又はその用途を変更して当該開発許可に係る
予定の建築物以外の建築物としてはならない（法42条1項本文）。ただし，建築物
及び一定の第1種特定工作物にあっては，当該開発区域内の土地について用途地
域等が定められているときは，この限りでない（法42条1項ただし書）。法42条の
建築制限が適用されるのは，用途地域等が定められていない区域だけであり，市
街化区域については用途地域が定められるため，当該用途地域等に関する建築制
限（法10条，建基法3章3節）に従う限り，開発許可申請書に記載された予定建築
物等以外のものであっても自由に建築等を行うことができる。したがって，法42
条の建築制限は，実質的には市街化調整区域における規制ということになる。ま
た，市街化調整区域のうち開発許可を受けた開発区域以外の区域内においては，
都道府県知事の許可を受けなければ，法29条1項2号若しくは3号に規定する建
築物以外の建築物を新築し，又は第1種特定工作物を新設してはならず，また，
建築物を改築し，又はその用途を変更して同項第2号若しくは第3号に規定する
建築物以外の建築物としてはならない（法43条）。これは，市街化調整区域にお
いては，市街化を抑制するため，開発行為を伴わず開発許可を要しない建築物の
建築についても都道府県知事の許可を受けない限り禁止するものである。

（4）監督処分等
　国土交通大臣，都道府県知事又は市長は，「この法律若しくはこの法律に基づ
く命令の規定若しくはこれらの規定に基づく処分に違反した者」に対して，都市
計画上必要な限度において，違反を是正するため必要な措置をとることを命ずる
ことができる（法81条1項）。

2 開発許可取消訴訟の原告適格

（1）開発許可取消訴訟をめぐる原告適格をめぐる判例

開発許可等の処分がなされた場合，対象地及び周辺の土地利用や地域環境が不可逆的に改変されてしまい，生活空間に負の影響を及ぼすことが少なくないため，周辺住民から取消訴訟が提起され，処分の違法性が争われることがある。

最判平成9・1・28民集51巻1号250頁（川崎がけ崩れ判決）は，開発許可取消訴訟の原告適格について最高裁が初めて判断を示したものである。同最判は，当該行政法規の定める利益が公益に解消されず個々人の個別的利益としても保護すべきものとする趣旨を含むか否かにより原告適格の有無を判断すべきものとした，最判平成4・9・22民集46巻6号1090頁（もんじゅ事件）の判旨を引用しつつ，開発区域内の土地が，軟弱地盤，がけ崩れ又は出水のおそれが多い土地その他これに類する土地である場合に，地盤改良，擁壁設置等の安全措置が講ぜられるような設計がされていることを開発許可基準とした都市計画法33条1項7号及び基準を適用するについて必要な技術的細目を定めた政省令の関係規定について検討を行い，「がけ崩れ等による直接的な被害を受けることが予想される範囲の地域に居住する者」は開発許可の取消しを求めるにつき法律上の利益を有する者として，原告適格を認めている。開発許可基準は，①予定建築物等の用途地域等への適合（法33条1項1号），②道路，公園，広場その他の公共の用に供する空地の環境保全・災害防止等への適合（同2号），③排水施設等による溢水被害防止（同3号），④給水施設の配置（同4号），⑤地区計画等への適合（同5号），⑥利便増進・環境保全のための公共施設等の配分（同6号），⑦地盤沈下，崖崩れ等による災害防止（同7号），⑧法令上開発行為を行うのに適当でない区域内の土地を含まないこと（同8号），⑨樹木の保存等（同9号），⑩騒音・振動等による環境悪化の防止（同10号），⑪道路，鉄道等による輸送の便（同11号），⑫開発申請者の資力・信用（同12号），⑬工事施行者の能力（同13号），⑭開発予定地内の権利者の相当数の同意（同14号），がそれぞれ定められているところであるが，同最判は，処分によって害される利益の性質をふまえ，生命，身体の安全等という利益については公益には容易に吸収解消され難い個人の利益を保護する趣旨が含まれているとの前提に立ち，処分の根拠規定の解釈により原告適格を承認している。一方で，関係権利者の相当数の同意を得ていることを許可要件と定めた同14号については，関係権利者の権利を保護することを目的としたものではなく，周辺住民の原告適格を基礎付ける規定とはいえないとしている。その後の下級審判決においては，同7号について最判と同様の判断により原告適格を認めたもの（横浜地判平

成11・4・28判タ1027号123頁，横浜地判平成17・10・19判自280号93頁など）の他，同２号（大阪地判平成24・3・28裁判所ウェブサイト），同３号（前記横浜地判平成17・10・19，大阪地判平成20・8・7判タ1303号128頁，前記大阪地判平成24・3・28など），同10号（横浜地判平成18・5・17判自304号86頁など）を根拠として周辺住民に原告適格を認めたものがある。また，大阪高判平成20・7・31LEX/DB文献番号25420387は，同５号，６号，９号の規定から，財産権に対する物理的被害のみならず，既存の開発計画に対する財産上の著しい被害を受けない利益をも個別的利益として保護すべきものとする趣旨を含むとして，先行して開発許可を受けた者に原告適格を認めている。

　一方，名古屋市の平針山里山訴訟において，原告側は，都市計画法33条１項２号（不適切な道路配置による危険性），３号（水害の危険性），７号（崖崩れの危険性），９号（樹木等里山環境への影響），12号（開発申請者の資料及び信用），13号（工事施工者の能力）について原告適格と違法事由の主張を行ったところ，名古屋地判平成24・9・20LEX/DB25482966は，２号に基づき，開発予定区域から10キロ圏内に住む11人，３号に基づき，開発予定区域より低地に住む１人に，それぞれ原告適格を認める一方，９号を根拠とした，良好な緑地環境を享受する利益については，「生活環境に関する利益は，基本的には公益に属する利益」にあたるという，公益・私益二分論によって原告適格を否定している[9]。これは，最判平成21・10・15民集63巻８号1711頁（サテライト判決）の判示をふまえたものである。サテライト判決は，周辺住民の生活環境に関する利益について，場外施設が設置，運営された場合に周辺住民等が被る可能性のある被害は，「交通，風紀，教育など広い意味での生活環境の悪化」であり，「生活環境に関する利益は，基本的には公益に属する利益」というべきであって，法令に手掛りとなることが明らかな規定がないことを理由に，生活環境の悪化による被害を受けないという利益は周辺住民等の個々人の個別的利益として保護されるものではない旨判示した。公営ギャンブル施設の設置に伴う享楽的な雰囲気や喧噪による交通，風紀，教育など居住者の生活環境利益の悪化については考慮外としたものであるが，生活環境利益は，住民が日常生活を送る都市空間の質を維持，向上させるために不可欠の要素であり，公益と私益に画然と区別できる性質のものではない。たとえ許可の根拠規定に地域住民の利益に配慮した許可要件や事前手続規定が置かれていない場合であっても，できる限り住民を個別的に保護する趣旨を読み込んで解釈するべきである。そもそも，改正行訴法において９条２項の考慮事項が規定された趣旨

（9）　大橋寛明「最高裁判所判例解説」曹時49巻５号273頁，275頁。

は，裁判官に対し，国民の権利利益の実効的救済を可能にする解釈を可能にする，いわゆる「オープンスペース」を設けることにあり，公益と私益の中間にある集団的・拡散的利益についても，主観的利益の侵害の範囲を，法令や被害実体に即して柔軟に判断し，救済の範囲を拡大することを意図したもの[10]であった。ところが，サテライト判決は，「交通，風紀，教育など広い意味での生活環境上の利益」[11]は，カテゴリカルに「公益に属する利益」であるとして場外車券発売施設周辺居住者の原告適格を否定している。同判決の調査官解説[12]は，周辺環境調和基準については，甚だ漠然とした文言となっており「著しい支障」等の限定も付されていないとして，周辺住民の日常生活上の不利益や，周辺で事業を行う者の不利益を個別的利益として保護していないと説明するが，このように原告適格をあえて狭める方向で解釈することは行訴法9条2項改正の趣旨[13]からも不適切である。

たとえば都市計画法33条1項6号，9号，10号の各号の規定については，規制内容及び基準の具体性に欠け，周辺住民が受ける利益の具体性も乏しいとして，開発区域内外の一定範囲の地域の住民の個別的利益を保護する趣旨を含むものと解することは困難との見解[14]もあるが，これらの規定はある程度の広がりをもった共通的空間において一定の水準を確保することを目的とするものであることから，個々の住民はその共通的利益の享受者ということができる。開発許可に伴う不利益が問題になるのは，通常，開発区域の隣接地を中心とした一定範囲の居住者に限られ，彼らはすべての許可基準の充足を条件として，当該許可に伴う不利

---

(10) 神橋一彦「判例批評」民商143巻3号310頁。深澤龍一郎「改正行政事件訴訟法施行状況検証研究会の論点」論究ジュリ2014年冬号65頁は，行訴法9条2項の新設は，生活環境利益が公益に属する利益であるとの，裁判所の「相場観」を変える意義まではなかったと指摘する。

(11) 村上裕章「原告適格拡大の意義と限界」論究ジュリ2012年秋号107頁は，根拠法規を離れ，利益それ自体が保護に値するかどうかを抽象的に論じていることが過去の判例理論と不整合であることを指摘し，同108頁は，サテライト判決が問題としているのは「広い意味での生活環境の悪化」であって，生活環境上の利益一般ではないとして，射程範囲を限定的に解している。

(12) 清野正彦「最高裁判所判例解説」曹時62巻11号（2010年）233頁。

(13) 山本隆司『判例から探求する行政法』（有斐閣，2012年）464頁は，サテライト最判について，利益の内容及び性質をふまえた原告適格の拡張を指示した行訴法9条2項の「逆用ないし誤用」と指摘する。また，板垣勝彦「最高裁判所民事判例研究」法協129巻5号（2012年）129頁は，「行訴法9条2項改正の趣旨に正面から応答しようとしているかという，最高裁の姿勢」が問われていると指摘する。

(14) 司法研修所編『改訂　行政事件訴訟の一般的問題に関する実務的研究』（法曹会，2000年）101頁。

益を受忍すべき地位にあると考えられることから，環境基準違反についても，法律上の利益の侵害として原告適格を基礎付けるものとなると解すべきである[15]。

　また，原告適格の判断において条例の規定内容も十分に考慮されなければならない。都市法分野においては，地区計画の区域内における建築物の制限等について定める地区計画条例（建築基準法68条の2第1項）やまちづくり，自然環境保全等を目的とする独自条例など多様な内容の条例が制定されていることも少なくなく，地域特性をふまえた独自の許可基準の設定や法律に定める許可要件の具体化又は詳細化を図る取り組みも各地で行われている。たとえば，国分寺市まちづくり条例は，開発基本計画の届出と周知，市長への事前協議，近隣住民・周辺住民からの意見書提出，市の指導書の交付，開発基準適合確認通知，開発事業に関する協定の締結という一連の手続きから成っており，開発許可基準に関し，地方公共団体による制限の強化を又は緩和を許容した都市計画法33条3項の規定に基づき定められたものである。法律による委任のない独自条例による上乗せ，横出し，法定基準の具体化についても，条例に土地利用，環境保全の理念と総合的規制のしくみを示し，個々の縦割りの法律の規制では守れない地域的環境があることを立法事実から明らかにすることができれば，適法と解される[16]。たとえ国の法令次元でみれば「一般公益の実現」を目的としたものと解釈されうるとしても，自治体において民主的議論を経て決定された条例や環境関連の中長期計画がある場合，地域住民にはそのような地域的ルールもふまえた適正な行政権限の行使によって享受できる個別的な法的利益[17]があることから，これが違法な行政決定によって侵害された場合，受益者である地域住民は，これを裁判上争うにふさわしい資格が認められると考えるべきである。

（2）原告適格における個別保護要件と集合的利益

　取消訴訟の原告適格が認められる「法律上の利益」（行訴法9条1項）の有無について，最判昭53・3・14民集32巻2号211頁（主婦連ジュース訴訟）以降の最高裁判例は，処分の根拠法規が当該利益を個別的利益として保護しているかどうかによって決する「法律上保護された利益説」で一貫している。原告適格を根拠づける法律上の利益は，それが一般公益から切り出されたものである必要がある[18]

---

(15) 見上崇洋「都市行政と住民の法的位置 —— 都市法領域における原告適格問題を中心に」原田純孝編『日本の都市法Ⅰ構造と展開』（東京大学出版会，2001年）471頁。
(16) 阿部泰隆『政策法学講座』（第一法規，2003年）292頁。
(17) 北村喜宣「環境行政訴訟」法教374号（2011年）154頁。
(18) 塩野宏『行政法Ⅱ〔第5版補訂版〕行政救済法』（2013年）135頁。

というのが判例・有力説の立場であり，処分の直接の相手方ではない第三者が処分の適法性を争う場合，法律が原告の利益を保護対象としていること（保護範囲要件）及び単なる公益としてではなく，処分の根拠法規が，個々人の個別具体的利益を保護することを目的として行政権の行使に制約を課していると解することができこと（個別保護要件）が求められてきた[19]。しかし，この点については，根拠法の条文から読み取ることができるのは保護法益性までであって，個別的利益性の判定が原告適格の有無についての絶対的な線引きの基準とされるべきではなく，不特定多数者の中から訴訟による救済が必要なだけの被害を受けた者と，そうでない者とを区分する「被害者の絞り込み」のための抽象的な線引きがなされれば十分[20]であること，「個別具体的」という要件を放棄して，法律が保護する射程内に入る利益であれば，たとえ薄くとも，公益に吸収されるのではなく，法律上の利益と解すべきであることが指摘されている[21]（「緩和された法律上保護された利益説」）。自然環境や生活環境に関する利益については，財産権などのように個々人に専属しその処分に委ねられるものではなく，ある地域全体としての環境をさすものである[22]。このような環境利益は薄く拡散した個人の利益の集合であり，一人一人に帰属する私益だけでも出訴資格を基礎づけるに十分であるとともに，原告が勝訴すれば，公共の利益にも寄与する[23]ものとなる。それは，環境保全などを目的とした社会的規制の領域では，法律に基づき，規制の受益者である私人の利益（生命，身体，生活環境等）を保護するために被規制者（事業者等）の利益を規制するという，三面関係を前提としたものとなるため，被害を受けた私人は，法律を規定した行政主体が適切な措置を行うよう裁判所に救済を求めることが必要となる。この場合，訴訟において行政主体が主張しているのは，公益と同時に実質的にみれば，被規制者の利益（私益）であり，私人が主張しているのは，私益であると同時に規制によって保護される公益にもあたる[24]。多数人に薄く広がりつつ，全体の集積としては大きな価値になると認められる生活環境や自然環境などの集合的利益については，一般公益に吸収解消される諸利益と生命，身体等の個別的利益に両極化してとらえるのではなく，地域住民によって享

----

(19) 司法研修所編・前掲注(14)91頁〜94頁。
(20) 中川丈久「取消訴訟の原告適格について（2）——憲法訴訟論とともに」法教380号（2012年）103頁〜104頁。
(21) 阿部泰隆『行政訴訟要件論』（弘文堂，2003年）108頁。
(22) 遠藤博也『行政救済法』（信山社，2011年）196頁（初出　季刊環境研究9号，1975年）。
(23) 阿部泰隆「行政訴訟における裁判を受ける権利」ジュリ1192号（2001年）142頁以下。
(24) 曽和俊文「公益と私益」芝池義一先生古稀記念『行政法理論の探求』（有斐閣，2016年）39頁。

受される一般公益と個々人に帰属する個別的利益（私益）との間の第3の類型として「共同利益」と把握する見解がある[25]。都市空間においては，公益と私益は画然と区別されるわけではなく，住民個人の私益が公益と合致若しくは公益に含まれる場合もあり得る[26]。それは，全国共通の国家的公益ではなく，当該地域における固有の事情を背景とした合意に基づく住民の集合的利益を前提としたものであり，様々な要素が多層的に存在し，相互に補完し合う関係となっている。つまり，都市計画法など各種行政法規の体系において保護される利益を日常的に享受し，その形成・維持活動などに能動的に関与してきた地域住民や団体については，個々人の良好な生活環境が維持され，一定の水準・質が確保されることにより，結果的に当該地域全体の公益の維持にもつながるという表裏一体的な関係が認められることから，生命，身体等の人格権や財産権に関わらない，地域環境や生活空間等の利益は一律に「公益」に吸収解消されるという二者択一的な思考が適切ではないことはいうまでもない[27]。

　都市空間に係る住民の利益について見上崇洋教授は，土地の財産権などのように個々人に専属しその処分に委ねられるといった性質のものではなく，地域地区制など行政判断に基づく空間の一定の利益水準保障によって現実に形成されている利益水準を重視すべきことを指摘している[28]。この場合，都市空間における居住環境や景観，その「まちらしさ」など，これまで法的な利益とはされてこなかった多様な利益をどのように承認していくかについての検討も不可欠となる。都市においては，たまたま土地，家屋等の財産権を有している者が，公法的規制を通じて形成された良好な空間利益を享受するという関係にあるため，個別的利益に分解された財産権等の側面のみから法的利益の有無を論ずることは適切ではない[29]。むしろ，土地所有権等の権原の有無にかかわらず，当該空間利益の享受者である住民自らがその生活と活動の「場」としての都市空間のあり方を共同でコントロール[30]することが不可欠である。したがって，住民は，当該根拠法

---

(25) 亘理格「公私機能分担の変容と行政法理論」公法65号（2003年）188頁以下。

(26) 人見剛「都市住民の参加と自律」『岩波講座　現代の法9　都市と法』（岩波書店，1997年）294頁。

(27) 見上崇洋「地方分権・規制緩和下の都市法の課題 —— 都市空間と行政法の視点から」原田編・前掲注(15)21頁は，法律が直接に個人について定めた利益のみに着目して法的に保護対象になっているか否かの判断をしてきたこれまでの判例理論について，地域住民集団の共同利益としての空間諸利益は，みんなに関わるから住民個々人のものではないという奇妙な結論がまかりとおっていると指摘する。

(28) 見上崇洋『地域空間をめぐる住民の利益と法』（有斐閣，2006年）60頁。

(29) 見上・前掲注(28)61頁は，土地や空間についての対物処分的な規制との関係では財産権も反射的に保護されているに過ぎないことを指摘する。

規の処分要件だけではなく，関係法令を含む都市法体系全体の中で，良好な生活空間に係る「法律上保護された利益」を有すると考えるべきである[31]。都市政策にかかわる種々の行政活動は，個々の住民に対するものというよりも，一定の面的な広がりをもった「地域」に対して作用する性質を有していることにかんがみると，そこに居住する地域住民に共通した利害関係が生じ，構成員たる個々人への影響の総和としては量られない状態[32]となっており，個々に分解した場合には，保護法益性が希薄で個別的利益とはいい難いものであったとしても，ある行政活動自体が，特定の地域全体の利益を侵害していることがあり得る。したがって，都市計画法など個別法の規定に基づいて行われた開発許可等が違法に行われたことにより良好な自然資源や景観が喪失してしまうような場合，一定の空間秩序や生活環境形成に関わる集合的利益（いわば，「生活空間利益」）の侵害を理由として原告適格が認められる必要がある[33]。そして，この場合の「被害者の絞り込み」については，たとえば，生活環境等を侵害するおそれのある施設周辺の土地利用状況，居住状況，当該施設からの距離，街区及び法令・条例による規制区域等によって直接的な影響が及ぶと認められる範囲をゾーニングすることにより十分に可能となるものと考えられる。

　さらに，行政訴訟は，私人の権利利益の保護救済と並んで，行政の適法性維持という2つの機能を果たすことを制度目的とするもので，両者は相互に補完し合う関係[34]にあることをふまえると，生活環境のような純粋な個人的利益の範疇には含まれないものであっても，行政権限の不適正な行使により被害を受けた場

---

(30) 原田純孝「都市にとって法とは何か」都市問題90巻6号（1999年）11頁。

(31) 神橋一彦「原告適格論と憲法の視点」立教法学82号（2011年）245頁以下は，処分要件を分解し，各規定に即して1人1人の原告につき個別に精査する「精査選別的な原告適格判断」が改正行訴法9条2項の趣旨に鑑みて妥当なものか疑問を呈し，「大括り的な原告適格判断」による地域生活利益の保護の必要性を論じている。なお，東京地判平成20.12.24裁判所ウェブサイトは，東京都が都市計画法53条1項に基づいてした都市計画施設の区域内における建築許可処分の取消訴訟につき，関係法令である都市公園法及び東京都震災対策条例の趣旨・目的や，同項が保護しようとしている利益の内容・性質等を考慮して，都市計画事業が施行されて都市公園になったときに当該公園を避難場所として利用する蓋然性が客観的に高いと認められる住民らの原告適格を肯定している。関係法令の範囲をかなり柔軟に解釈しているといえる。

(32) 田村悦一「地域住民及び地域団体の法的地位とその保障」立命館法学119＝120号（1975年）53頁〜54頁。

(33) 角松生史「まちづくり・環境訴訟における空間の位置づけ」法時79巻9号（2007年）32頁は，一定の空間利用秩序に利害関係を有する市民が，いかなる場合に自らの個別利益としてその秩序の維持を求めることができるか，空間利用秩序の調整・分配ルールを立法・行政・司法の過程において考察する必要性を指摘する。

合，当該利益の享受者であり，被害者でもある一定地域の住民らに広く抗告訴訟の原告適格を認め，行政権限行使の適法性全般について司法審査する機会を担保すべきである[35]。なお，近年の判決として，大阪高判平成26・4・25判自387号は，一般廃棄物処理施設に係る違法な自然公園法20条許可によって，優れた自然の風致景観が害され，取り返しのつかない事態が発生した場合，自然風致景観利益が公益のみに属するとすれば，抗告訴訟を事実上提起することができる者がいなくなる事態を同法が許容しているとは解し難いとして，近隣住民に原告適格を認めている。

　以上のように，判例は処分の根拠法規を厳格に解釈し，個々人の生命，身体，財産に具体的被害が及ぶおそれが確実である場合でなければ，ほぼ原告適格を認めてこなかった。まちづくり行政と都市法の領域においては，行政の意思形成過程への事前参加によるコントロールの重要性が指摘されているところであるが，違法な行政活動に伴って都市空間に関わる多様な共同利益が侵害された場合の事後的な司法統制について，当事者である住民のアクセスが排除されている現状は，都市法システムの一部が機能不全に陥った状態といわなければならない。

　行訴法改正にもかかわらず，最高裁が前記サテライト判決のような判示をしている以上，今後の判例の集積を待ったとしても，自然環境や生活環境に関する利益のような公私複合的な利益が法律上保護された利益と認められる可能性は乏しいといわざるを得ない。したがって，関係する不特定多数の個人が加入するまちづくり団体等の組織に訴権を認める立法論も今後の検討課題である[36]。個人に帰属する私益と公益の中間に位置する集合利益を明確に表現できる主体に訴訟を

---

(34) 曽和俊文「行政訴訟制度の憲法的基礎」ジュリ1219号（2002年）63頁，中川丈久「行政事件訴訟法の改正 —— その前提となる公法学的営為」公法63号（2001年）133頁，亘理格「行政訴訟の理念と目的」ジュリ1234号（2002年）14頁〜15頁。

(35) 芝池義一「取消訴訟の原告適格判断の理論的枠組み」『京都大学法学部創立百周年記念論文集（2）』（有斐閣，1999年）99頁〜100頁は，原告適格の判断にあたっては，①法令またはそれによって形成されている法制度の趣旨，②被害の実態，③原告適格を認められる者の範囲の画定可能性と並んで，④誰に争わせることが適切かという視点が必要であり，多数の国民や住民の生活に全体としては軽微ならざる影響を与える行政処分については，何人かに原告適格を認める方向での努力が必要と指摘する。

(36) 団体訴訟の意義と制度設計のあり方については，島村健「環境法における団体訴訟」論究ジュリ2015年冬号128頁，村上裕章「団体訴訟の制度設計に向けて —— 消費者保護・環境保護と行政訴訟・民事訴訟」同114頁，大久保規子「行政訴訟の原告適格の範囲」ジュリ1263号（2004年）47頁以下，越智敏裕「行政訴訟改革としての団体訴訟制度の導入」自由と正義53巻8号（2002年）36頁以下，三好規正「環境行政訴訟の原告適格と団体訴訟制度導入に向けた課題」山梨学院大学法科大学院ロージャーナル11号（2016年）73頁以下など参照。

認めるのであれば，個人の権利保護の訴訟から大きく逸脱することはなく[37]，訴訟要件の充足に過剰な司法資源を費やすことを避け，本案の司法審査を充実させることが期待しうる[38]とする見解も示されているところである。

3　開発許可取消訴訟の狭義の訴えの利益

（1）開発許可取消訴訟の狭義の訴えの利益をめぐる判例・学説

　行政処分の取消を求めるためには，処分取消により得ることができる利益が法律上の利益として存在していなければならず，そうした利益が得られない場合には，もはや処分を取り消す実益はないため，訴えは却下される。これが（狭義の）訴えの利益の問題である。

　建築基準法の場合，建築確認は，工事着手前に建築物の計画が「建築基準関係規定」（建基法6条1項）に適合していることを公権的に判断する行為であって，これを受けなければ工事をすることができないという法的効果が付与されているにすぎないから，当該工事終了後は建築確認の取消を求める訴えの利益は失われる（最判昭和59・10・26民集38巻10号1169頁）。工事の完了後に行われる建築物の検査及び検査済証の交付（同法7条4項，5項）については，当該建築物及びその敷地が「建築基準関係規定」に適合していることがその判断基準とされており，違反是正命令についても，その対象となるのは「建築基準法令の規定……に違反した建築物又は建築物の敷地」である（同法9条1項）。したがって，検査や違法建築物に対する是正命令は，建築確認に係る計画どおりのものであるかを基準とするものではないため，建築確認の存在は，検査済証の交付拒否や是正命令発出の上で法的障害となるものではない。建築基準法の場合，工事着手前の建築確認と工事完成後の検査済証の交付及び是正命令は，一応別個の制度として存在しているといえる[39]。

　一方，開発許可取消訴訟の訴えの利益について，最判平成5・9・10民集47巻

---

(37) 山本隆司『判例から探求する行政法』（有斐閣，2012年）457頁。
　　松本和彦「環境団体訴訟の憲法学的位置づけ」環境法政策学会編『公害・環境紛争処理の変容 —— その実態と課題』（商事法務研究会，2012年）148頁以下は，環境団体訴訟は「具体的な争訟」を前提とする限りにおいて，「当事者間の権利義務ないし法律関係の存否」の部分を欠いていても，司法権の行使として認められるとしている。

(38) 宇賀克也「団体訴訟の必要性 —— 団体訴訟シンポジウムにおけるコメント」論究ジュリ・前掲注(36)148頁。

(39) 小林武「判批」民商93巻1号（1985年）105頁は，建築確認は建築計画に対するものであるが，一般的には建築計画通りに建築することが予定されていることから，確認とその後の手続上の作用とが完全に分断され，各々が独立の目的をもって完了するという，全く連続性を欠く行為といえるかどうかは疑問であるとする。

［行政法研究　第22号（2018. 1）］

7号4955頁は，開発許可は「あらかじめ申請に係る開発行為が同法33条所定の要件に適合しているかを公権的に判断する行為であって，これを受けなければ適法に開発行為を行うことができないという法的効果を有するものであるが，許可に係る開発行為に関する工事が完了したときは，開発許可の有する上記の法的効果は消滅」すること，客観的にみて同法33条所定の要件に適合しない開発行為について誤って開発許可がされ，工事がされたときは，工事を行った者は，同法81条所定の「この法律に違反した者」に該当し，違反是正命令を発することができるから，「開発許可の存在は，違反是正命令を発するうえで法的障害となるものではなく，また，たとえ開発許可が違法であるとして判決で取り消されたとしても，違反是正命令を発すべき法的拘束力を生ずるものではない」ことを理由に工事完了後の訴えの利益を否定している。これは，急傾斜地を掘削して宅地造成し，鉄筋4階建て，地下1階の建築物を建築するという開発許可申請がなされ，既に開発行為，建築行為の完了届が出され検査済証も交付されていた事案についてのものである。同最判は，開発許可の存在が都市計画法81条に基づく監督処分としてされる是正命令に及ぼす法的影響の有無について，(i)開発許可の存在が監督処分としてされる違反是正命令の法的障害となっているなど，開発許可に工事の結果を適法なものとして通用させる法的効果が付与されているとは解し得ないこと，(ii)開発許可が取り消された場合には違反是正命令を発することが法的に義務付けられるなど，処分の取消しに国民の権利利益を救済するための法的効果が付与されているとも解し得ないこと，から開発行為に関する工事が完了し，工事の検査済証の交付がされた後においては，開発許可の取消しを求める訴えの利益は失われると結論づけたものである(40)。さらに最判平成11・10・26判時1695号63頁は，平成5年最判の射程を市街化区域における予定建築物の建築確認がされていない事案にも及ぼしている。

　しかしながら，開発許可は，工事完了後の検査及び検査済証の交付（都計法36条2項）は，「許可の内容に適合している」か否かの観点から行われ，違反是正命令は，「この法律若しくはこの法律に基づく命令の規定若しくはこれらの規定に基づく処分に違反した者」等に対して発することができるものと規定されている（同法81条1項1号）ことから，知事の過誤により同法33条所定の要件に適合しない開発行為に許可が与えられた場合，その許可が客観的には違法であったとしても，「この法律若しくはこの法律に基づく命令の規定……に違反した者」にはあたらないことから，許可が取り消されない限り，検査済証の交付を拒否でき

――――――――――
(40)　綿引万里子「最高裁判所判例解説」曹時47巻5号1205頁。

ないとする解釈の余地がある。平成5年最判については，学説から以下のような
観点からさまざまな批判がなされている。

ア．都市計画法29条許可の場合，開発許可の内容にしたがって以後の開発に係
る工事，建築物等の建築が進められることを法が予定しており，「許可の内容と
された開発行為（及び建築物の建築）以外の開発行為（及び建築行為）の結果生ず
る土地・建築物の状態は，適法なものとはみなされない」効果を有することから
訴えの利益は存続すると解されること[41]

イ．開発許可は，公共施設に関する派生効果，開発登録簿への登録・修正など
建築確認にはない継続的な効果を持っていることから，後に許可や交付が違法と
判明すれば，行政庁は許可や交付の職権取消の手続きをとり，場合により信頼利
益を補償すべきものであること（許可の「実体法実現効果」）[42]

ウ．開発許可取消訴訟で開発許可が違法として取り消されると，適合証明書（規
則60条）が交付されないため建築確認申請ができなくなり，建築が阻止されるこ
とから，訴えの利益は失われないこと[43]

エ．開発行為の禁止が，都市計画法に基づく計画実現のためのもので，開発許
可による禁止の解除が計画の枠内でのみ許容される範囲のものであるという理解
が可能であるとすれば，開発規制の解除行為としての許可の法的効果を常時継続
させることに計画規制の法的意義があること[44]

オ．是正命令の裁量性を認めるとしても裁量行為の手続的統制の整備，裁量権
収縮理論や踰越濫用の場合の違法統制が働き得ることから，是正命令が裁量判断
であることを理由に訴えの利益を否定するのは問題が残ること[45]

平成5年最判は，開発工事が完了すれば，建築確認の場合と同様に開発許可の
効力が消滅するとの前提に立っている。しかし，開発許可とこれに続く一連の法
的仕組み[46]から考えると，開発許可は，建築計画の建築法令への適合を確認し
て建築を許容するだけの建築確認のように「これを受けなければ適法に開発行為
を行うことができない」（上記最判平成5・9・10）というにとどまらず，開発許可

---

(41) 高橋滋「判批」判評455号22頁（判時1582号184頁）。
(42) 山本隆司「判批」法協112巻9号（1995年）129頁以下。同130頁は，公共施設管理者の
　　同意，公共施設管理予定者との協議，工事完了公告翌日の公共施設の権利変動（32条，
　　39条，40条），市街化調整区域における予定建築物等以外の建築制限（42条），といった
　　許可の派生的効果については，開発許可本体に開発の適法性に関する実体判断効果を認
　　めなければ説明することが難しく，許可を受けた計画通りに開発がされる危険・状態に
　　あれば，それを争う訴えの利益が認められると指摘する。
(43) 金子正史『まちづくり行政訴訟』（第一法規，2008年）19頁。
(44) 見上崇洋「判批」民商110巻6号（1994年）139頁。

の内容に適合した開発行為を適法なものとして以後に通用させる法的効果を有していると解すべきであり，許可によって発生した，特定の場所において禁止が解除され，開発行為を適法に行えるようになるという状態は，工事完了後も継続しているといえる[47]。そして，知事等の過誤によって許可基準に適合しない開発行為に対して開発許可が与えられ，災害防止や環境保全等の観点からの違法状態が生じている場合，違法状態を解消するためには当初の許可を職権で取り消した上で，新たな許可手続き又は変更許可の手続きによって是正を図ることが本来のあり方であり，許可の存在とは無関係に，行政庁の裁量で是正命令を発出できる仕組みとはなっていないと考えられる[48]。適法な開発工事とこれに続く建築行為等の担保のために開発許可，是正命令という一連の行政過程が法定されており，これらは相互に連動性を有していることに鑑みると，開発許可が違法として裁判所によって取り消されれば，もはや行政庁には是正命令を発出しないという裁量は認められず，命令発出について拘束力が生じると考えるべきであり，このこと

---

(45) 荒秀「判批」法教162号（1994年）101頁。同「建築・開発行政訴訟における訴えの利益 —— 判例の流れを中心として」曹時37巻1号（1985年）40頁は，最判昭和59・10・26民集38巻10号1169頁について，「少なくとも訴えの利益なしとの判決をうければ特定行政庁は何らの反省もないであろうが，肯定されれば是正命令・代執行への1つの動きがなされることは間違いあるまい」と指摘する。

　　また，古城誠「判批」平成5年度重判解説62頁は，建築規制と異なり，開発規制においては開発許可を欠く開発に対し，原則として違反是正命令を下すという仕組みがとられている可能性があるため，開発許可取消により生じる，行政庁に対し是正命令を下すかどうかの判断を求める利益は，単なる事実上の利益ではなく法律上の利益であるとする。

(46) ①都計法29条の許可に係る申請内容に変更が生じた場合には，都道府県知事の変更許可を受けることが必要となること（同法35条の2），②同法29条の許可により開発が行われた後に行われる建物の建築については，許可の内容どおりに建築を行うことが義務付けられること（同法42条1項），③都道府県知事は開発許可の内容等を開発登録簿に登録することを義務付けられ，完了検査によって当該工事が都計法29条許可の内容に適合していると認められたとき，監督処分によって許可内容が変動したとき等は，登録簿を修正しなければならず（同法47条1項），変更許可等があった場合には，その内容が登録簿に登録されること（同法35条の2第4項），④許可申請者は，予め，公共施設管理者の同意を得，公共施設管理予定者等と協議しなければならず，工事完了公告の翌日に，公共施設に関し，開発許可を受けた者と公共団体等との間で権利変動が生ずること（同法32条，39条，40条）。

(47) 山下淳「土地利用計画と規制」原田尚彦先生古稀記念『法治国家と行政訴訟』（有斐閣，2004年）648頁は，開発許可は，実体法的基準との整合性が常に維持されていなければならず，開発許可の効力は，開発行為を行うことにとどまらず，開発行為の結果生じた状態に対してまでも及ぶと指摘する。

(48) 山本・前掲注(37)129頁は，開発許可や検査済証の交付があれば是正命令の対象とならず，許可や交付が違法と判断されれば行政庁はそれらの職権取消の手続きをとり，場合により信頼利益の補償を求めると指摘する。

は，違法な開発工事によって生命，身体等を危険にさらされることとなる周辺住民等にとって法的利益といわなければならない[49]。なお，現在では，非申請型義務付け訴訟（行訴法3条6項1号）を用いて命令発出を求めることが理論上は可能としても，「重大な損害」要件のハードルは高く，救済の実効性の点で十分なものではない[50]。

また検査済証については，当該工事が開発許可の内容に適合しているかどうかという工事完了検査の結果，交付されるものであるから（法36条2項），工事完了検査の判断基準となる開発許可の取消しがなされれば，検査済証は交付できないし，たとえ検査済証が交付されていたとしても，開発許可が存在しなくなれば検査済証交付の前提を欠くことになるため，当該検査済証は失効すると解される[51]。検査済証がなければ，工事完了公告もなされないことから，当然以後の手続きは進行しない。開発許可と検査済証の交付とは不可分一体的な関連性を有している点からも，開発許可の取消しを求める訴えの利益は認められると考えられる。この点に関し，平成5年最判は，「工事が開発許可の内容に適合していても，開発許可の内容自体が客観的に許可基準に違反した違法なものである場合には，知事等は，検査済証の交付を拒否し得る」（藤島補足意見）ことから，開発許可の存在が，検査済証の交付を拒否する上で法的障害となるものではないことを前提としている。しかし，知事等の過誤により本来開発できないところを開発許可された場合において，許可基準に照らし違法性を判断して検査済証の交付を拒否するという取り扱いが実務上行われるとは考え難く[52]，そのような措置は信義則上も問題があるといえる。

このようなことから，許可の存在とかかわりなく違反是正命令を発出できると考えることは適切ではなく，許可の職権取消しを行って手続きをやり直すことが，開発許可制度の趣旨に適合的である。

---

(49) 碓井光明『都市行政法精義Ⅰ』（信山社，2013年）236頁は，行政庁自身が，自己の誤った開発許可が法律違反であるとして是正措置を命ずることについては，信義則違反等による制約が働くのに対し，裁判所が違法と判断した結果を受けて是正命令を出す場合には，そのような制約は後退すると見るべきとする。

(50) 松村信夫「開発許可制度と行政訴訟」水野武夫先生古稀記念論文集『行政と国民の権利』（法律文化社，2011年）210頁は，違法な開発行為によって被害を受けるおそれがある者に対して都市計画法81条1項1号の是正命令の発動を求める申請権を付与する立法論を提言している。

(51) 金子・前掲注(43)15頁。

(52) 見上・前掲注(44)139頁は，検査済証を交付する際に開発許可の内容的適合性を審査し，許可基準に違反するものが含まれるか否かの判断が行われる制度的保障が存在しないことを指摘する。

［行政法研究　第22号（2018.1）］

（2）市街化調整区域における開発許可取消訴訟の訴えの利益

　最判平成27.12.14民集69巻8号2404頁は，「市街化調整区域のうち，開発許可を受けた開発区域以外の区域においては，法43条1項により，原則として知事等の許可を受けない限り建築物の建築等が制限されるのに対し，開発許可を受けた開発区域においては，同法42条1項により，開発行為に関する工事が完了し，検査済証が交付されて工事完了公告がされた後は，当該開発許可に係る予定建築物等以外の建築物の建築等が原則として制限されるものの，予定建築物等の建築等についてはこれが可能」となり，「市街化調整区域においては，開発許可がされ，その効力を前提とする検査済証が交付されて工事完了公告がされることにより，予定建築物等の建築等が可能となるという法的効果」が生じ，当該開発許可の取消しによって，その効力を前提とする予定建築物等の建築等が可能となるという法的効果を排除することができることから，「市街化調整区域内にある土地を開発区域とする開発許可に関する工事が完了し，当該工事の検査済証が交付された後においても，当該開発許可の取消しを求める訴えの利益は失われない」と判示した。

　市街化調整区域において開発許可を受けた場合，前述のように，開発行為に関する工事が完了し，検査済証が交付されて工事完了公告がされた後は，当該開発許可に係る予定建築物等の建築が可能となる（法42条1項）が，開発許可を受けていなければ，法43条1項による知事の許可を受けない限り建築物の建築等は原則として禁止される。市街化区域の場合，原則として用途地域が定められることから，その制限の範囲内で建築物の建築の原則的な自由の状態が基本的に維持されるのに対し，市街化調整区域については，一般的な禁止の状態から予定建築物等の建築につき禁止が解除されるに至るということができ，検査済証の交付がされた後においても，当該開発許可に係る予定建築物等の建築をすることができるという法的効果が残っていることから，原告は，このような法的効果を排除することにより開発区域における予定建築物等の建築を回避して自らの法的利益を回復することが可能となる[53]。本判決は市街化調整区域における開発許可のもつ「予定建築物等の建築等が可能となるという法的効果」に着目して，狭義の訴えの利益を従来の判例よりも拡張したものといえる[54]。従来の行政実務では，平成5年最判に基づき，市街化区域と市街化調整区域における開発許可の法的性質を同一のものと解してきたことから実務に与える影響も少なくない。

　本判決の結論自体は妥当であるが，平成5年最判の判示した市街化区域におけ

---

(53) 林俊之「最高裁時の判例民事」ジュリ1500号（2016年）131頁。

る開発許可の法的効果についての考え方を見直すことなく，訴えの利益の存続を認めた点については疑問が残る[55]。本判決は平成5年最判のいう「開発許可に係る開発行為に関する工事が完了し，当該工事の検査済証が交付されたとき」は，当該開発許可の有する「法的効果は消滅する」との判示を引用しつつ，市街化調整区域においては，開発許可が建築等の禁止を解除し，法43条1項に基づく許可を受けることなく予定建築物等の建築等を可能とするという市街化調整区域固有の法的効果が残っていることを論拠として訴えの利益を認めたものであるが，前述のように，工事完了に伴って開発許可の法的効果自体が消滅すると考えることは適切ではない。土地の区画形質の変更がなされ，その結果の外形は継続する[56]点は，土地区画整理事業や土地改良事業の場合も同様であるが，最判平成4.1.24民集46巻1号54頁は，土地改良事業の工事が完了し，社会通念上原状回復が不可能になったとしても訴えの利益は失われないとする。同最判は，土地改良事業の認可が取り消されれば，これを前提にしてされた換地処分等の一連の手続及び処分等の法的効果にも影響が生じ，換地処分も違法となることを根拠に訴えの利益の存続を認めたものであるが，開発許可基準に適合しない開発許可が違法として取り消された場合，前述のようにその後の様々な法的手続きに影響が生じることとなる上，違法な開発許可に基づいて土地の区画形質の変更が行われている以上，当該土地における建築物等の建築についても適法なものとは考え難い。また，開

---

(54) 宇賀克也・国際文化研修（2017年）39頁は，最判平成5・9・10，最判平成11・10・26の射程が市街化調整区域内の開発許可の事案には及ばないことを明確にしたものと指摘する。また，下山憲治『新・判例解説 Watch　行政法 No. 164 文献番号 Z18817009-00-021641350』（2016年）4頁は，市街化調整区域における開発許可について，開発行為に関する工事が完了し，検査済証交付後でも，それと並行的に存在する都市計画法43条1項の建築許可と同じ効果が存続する仕組みをとらえて，従来の裁判例よりも狭義の訴えの利益を拡張したものと解している。他に本判決の評釈・解説として，岡田正則・ジュリ臨時増刊1505号（平成28年度重要判例解説）（2017年）43頁，恩地紀代子・判自417号（2017年）86頁，楠井嘉行＝飯田真也・判自410号（2016年）5頁，島村健・民商152巻2号（2015年）183頁，寺洋平・判時2308号（2016年）171頁（判評694号9頁），深澤龍一郎・法教430号（2016年）131頁，洞澤秀雄・南山法学40巻1号1頁，山下竜一・法セ736号（2016年）119頁，吉岡郁美・自研93巻6号（2017年）135頁。

(55) 山下・前掲注(54)119頁は，従来の判例が工事を「やったもん勝ち」を容認しているのに対し，本判決は実効的権利救済の立場から軌道修正したものとしつつ，市街化区域の開発許可から法的効果が生じない理由が説明されていないことを指摘する。下山・前掲注(54)4頁も，市街化区域における開発行為取消訴訟の訴えの利益と原告適格の再検討の必要性を指摘する。また，岡田・前掲注(54)45頁は，本判決が市街化調整区域内の開発許可制度を開発行為の規制の面しか捉えず，開発行為の結果に対する規制の面を見過ごしている点は，今後修正されるべきと指摘する。

(56) 荒・前掲注(45)101頁。

発許可に伴い，開発予定地及びその周辺の土地利用状態は不可逆的に改変され，地域の自然的条件や社会的条件に著しい影響を及ぼすこととなる。建築物の建築を前提に斜面地における大規模な切土及び盛土の工事が行われることの多い開発行為の場合，違法な工事により土砂災害等が発生した場合における周辺住民らの生命・身体等への悪影響は土地改良事業の場合よりも甚大なものがある。それにもかかわらず，検査済証の交付拒否，是正命令発出といった理論的に可能な代替措置が存在することをもって，当該措置の実現可能性については顧慮することなく，工事完了後は開発許可取消しという実効的な権利救済の機会が喪失してしまうとする平成5年最判の考え方は不適当であり，市街化区域内においても，原告適格が認められた者については，工事完了後も開発許可自体の適法性を争う現実的な必要性は高いと考えられる。

　また，工事完了後は開発許可の効力が消滅することを前提に，訴えの利益の存続の有無の検討にあたり違反是正命令発出の可能性について判示した平成5年最判と異なり，本判決は開発許可の効力が存続することを根拠に訴えの利益を認めていることから，違反是正命令の可否については言及していない。本判決が平成5年最判を変更することなく，開発許可の法的効果が市街化区域と市街化調整区域で異なるものとして訴えの利益の存続を認めたことにより，違反是正命令の発出可能性について新たな解釈上の疑義も生じている。平成5年最判を前提とすると，開発許可の存在は是正命令発出の妨げにはならないが，本判決の論理によれば，誤って開発許可がされた場合であっても，有効な開発許可には予定建築物等の建築制限を解除する効果が認められることから，都市計画法43条1項違反を理由とする違反是正命令発出はできないこととなるのか，あるいは市街化調整区域内においては，およそ開発許可が取り消されない限り，都市計画法違反を理由とする是正命令発出はできないと考えるべきものか，といった点についての解釈の歪み[57]を是正するためにも平成5年最判の見直しは不可欠と考えられる。

　開発許可をめぐる紛争が発生するのは，現行法上許可に際し，開発行為が土地利用形態を著しく改変し，開発予定地周辺住民にとっての居住環境，生活環境，美観・景観など多様な地域空間に少なくない影響を及ぼすにもかかわらず，周辺の土地利用秩序との調整を図るための規定が置かれておらず，許可の判断においては必要最小限の技術項目による審査が中心であるため，地域の生活利益やあるべき土地利用といった定性的な要素が考慮される仕組みとなっていないことに起因している。一方，開発許可取消訴訟の原告適格や訴えの利益については謙抑的

---

(57)　島村・前掲注(54)194頁。

な司法判断が定着している[58]。これは，高度経済成長期における都市部への人口集中を背景に，そもそも宅地開発は「是」であるとして国の行政が進められてきたことも影響しているのではないだろうか。これからの少子化と都市縮退の進行をふまえた開発許可制度そのものの見直しが今後の検討課題である。この点については，次章以降で検討してみたい。

Ⅲ　土地利用規制と開発許可制度の課題

1　都市法制の現状と課題

（1）土地所有権の偏重

都市法制は環境も含めた都市空間の形成と利用を公共的，計画的に実現しコントロールするための制度的システム[59]である。しかし，都市計画法を始めとするわが国の一連の法制度は経済成長を目的とした開発立法というべき性格が強く残っており，土地開発システムを国家が「公共性」の名の下に適用[60]していると批判されている。また，わが国では財産権尊重の観点から，緩やかな公法的規制の下で土地所有者は市場原理に基づいて自由に土地を使用収益・処分しうる「建築自由原則」が前提とされてきた。このため，私人に既に与えられ，いつでも行使しうる建築権限を行政手法によって規制することは，当事者にとっては自己の権利を外側から制限されることを意味し，土地利用計画に対して消極的ないしは忌避的な態度をとる者を生み出すことになる[61]。このことが都市空間の公共的かつ計画的な形成を困難なものとしており，都市法による私的所有権に対するパブリックなコントロールの必要性が指摘されてきた[62]。

都市計画法上の開発行為の定義が，建築物の建築などを目的として行う土地の区画形質の変更とされていることから，たとえば，既存土地や建築物の利用形態

---

(58) 岡田・前掲注(54)45頁は，「違法な開発許可が違法な「状態」をもたらしている事案において裁判所が紛争解決の必要性を否定することは，司法権の存在意義を否定することに等しい」と批判する。

(59) 原田純孝「都市にとって法とは何か」都市問題90巻 6 号（1999年）　4 ～ 5 頁。

(60) 原田純孝「都市の土地所有(権)と法社会学」日本法社会学会編『土地・環境問題と法社会学』（有斐閣，1996年）46～47頁。

(61) 髙橋寿一「「建築自由・不自由原則」と都市法制」原田純孝編『日本の都市法Ⅱ　諸相と動態』（東京大学出版会，2001年）46～47頁。

(62) 吉田克己「土地所有権の日本的特質」原田編・前掲注(15)369頁。阿部泰隆『国土開発と環境保全』（日本評論社，1989年）　5 頁は，土地所有権の社会性を考慮すれば，財産権の制限は最小限という発想が諸悪の根元であり，「開発・建築の自由」の公的制限が必要とする。

の変更や宅地,農地の管理放棄などの不作為については規制することはできない。また,面積についてスソ切り（原則0.1ha）があるため,開発面積を切り下げて規制を逃れることも可能であり,無秩序なミニ開発が自然災害の危険性の誘発,生物多様性に富む自然環境や景観の破壊などにつながってきた。また開発許可基準については,地域特有の自然的,社会的条件が捨象された数値基準など画一的なものとなっており,がけ崩れや出水のおそれなどの観点から基準を満たしている場合には「許可をしなければならない」という羈束処分となっており,開発行為が周辺の土地利用,空間秩序に与える影響が考慮されていないことが,地域住民との紛争をもたらしてきた[63]。戦後の高度経済成長期における都市への人口,産業の集中を背景に,無秩序な市街化（スプロール）をコントロールしておけばよいという前提で定められた「開発行為」の概念と開発許可基準が「人の安全・健康などに関わらない快適などの価値を実現するための規制」は「必要最小限を超える規制で不可」という陳腐な帰結[64]をもたらしてきたのである。たとえば,地域住民のアメニティ空間として親しまれてきた里山,その街特有の雰囲気,法律で文化財として指定されるほどではないものの,その地域にとっては重要な伝統的建造物などが失われてきた。これに対し,周辺住民が許可処分の適法性を争う原告適格は,前述のように極めて限定的にしか認められていない。

　そもそも「所有権の絶対性」とは,封建的な土地利用からの解放を意味する近代民法典のスローガンであるが,所有権者は絶対的に勝手なことができるという原則ではない[65]。わが国の場合,土地所有権は,憲法29条2項,民法1条1項によって公共の福祉による限界が画されており,その効力は,民法207条を根拠に,「法令の制限内」で土地の上下に及ぶこととされている。とりわけ土地は,人間による労働生産が不可能な自然の構成要素であり,人間の生存に絶対不可欠な基盤をなすものであることから,動産や建築物よりも強い公共的性格を有している[66]といえる。土地所有権は,本来連続した空間を人為的に分割した土地の上下の空間の支配権であるが,全体が1つの共同空間をなしている都市空間は,個々の利用が他の空間の利用にさまざまな影響を及ぼすことが不可避である[67]。し

---

(63) 「縮退の時代における都市計画制度に関する研究（第6章,生田長人執筆）」国土交通政策研究102号（2012年）49頁。

(64) 磯部力「エリアマネジメントの法的課題」ジュリ1429号（2011年）86頁。

(65) 内田貴『民法Ⅰ〔第4版〕』（東京大学出版会,2008年）361頁。また,小川竹一「土地所有権と地下水利用権」『島大法学』47巻3号（2003年）7頁は,「本来,封建的支配からの絶対的自由を意味していた近代的土地所有権の絶対性という観念は,人為的に区画された地表の一辺の上空および地下の範囲内の自然に対しても自由に支配権を及ぼすことを認める観念を導き出してしまった」と指摘する。

たがって，土地所有権の内容としての空間の「利用」については，それぞれの土地の置かれた自然的，社会的条件に応じて行われ，連続する他の空間との適切な調整と配分がなされなければならない[68]。とりわけ，都市環境の保全のためには，土地利用に伴う外部不経済の発生を防ぐことが不可欠であり，このためには土地利用計画に基づいて適切な土地利用を早期に誘導する都市政策が重要となる[69]。都市を共同空間ととらえて，地域独自のルールを形成することにより，「強すぎる所有権」を克服していくための実定的な法システムの形成は，戦後の都市法制において十分になされてきたとはいえず，依然，今後の課題として残されている[70]。

（2）都市計画の総合調整機能の不備

土地利用規制に関する法令は，都市，農地，森林といった特定の土地利用形態ごとに各省庁所管の個別法が併存している。都市については都市計画法，農村に

---

(66) 大澤正俊「所有権理論に関する一考察」伊藤進教授古稀記念論文集『現代私法学の課題』（第一法規，2006年）10頁以下。成田頼明『土地政策と法』（弘文堂，1989年）103頁〔初出，建築雑誌1967年2月号〕は，現行都市計画法が制定される前年において，「財産のうちでも，とりわけ，土地については，公共的性格が著しく強いものとされているから」，「土地の利用を国または地方公共団体が大幅に統制し，土地所有者の自由な使用・収益を抑制しても，今日のわが国の条件の下では公共の福祉に適合した措置であるということができる」と述べている。

(67) 安本典夫「転換期の都市行政と法」ジュリ1414号（2011年）226頁。安本は，ある空間の利用は，連続する他の空間との調整の上で初めて可能となるとする。

(68) 亘理格「憲法理論としての土地財産権論の可能性」公研59号（1997年）297頁は，「公共的空間の中の一部分に対する支配権」である土地財産権は，「周辺地との相互依存性ないし隣接性に伴う特質と制約を内在させる必然性を有して」おり，「各々の土地・地域の社会的・客観的条件に適合的な利用方法」が重んじられなければならないことを指摘する。また，角松生史「ドグマーティクとしての必要最小限原則：意義と射程」藤田宙靖＝磯部力＝小林重敬編『土地利用規制立法に見られる公共性』（土地総合研究所，2002年）89頁は，土地財産権が法律によって形成されていると考えると，土地財産権は，当該土地をめぐる多様な主体のさまざまな生活利益に関する配分・調整ルールの結果の産物とみなされるとする。

(69) 吉田・前掲注(62)391頁は，生活利益秩序を構成する外部環境の良好な質の確保のためには個々の土地利用の相互抑制が不可欠とする。
　　大貫裕之「「必要最小限規制原則」の克服」藤田＝磯部＝小林・前掲注(68)73頁は，土地空間のアメニティ（＝快適環境）の創造・保護のための予防的公共的介入の必要性を指摘する。

(70) 磯部力「都市の環境管理計画と行政法の現代的条件」高柳信一先生古稀記念論集『行政法学の現状分析』（勁草書房，1991年）329頁は，「その私有土地が都市の中に所在しているという一事をもって，当然に都市環境管理の対象となり，その限りで私有土地の利用の自由は排斥されることになる」という法的しくみを作ることは十分に可能とする。

ついては農業振興地域の整備に関する法律（農振法），森林については森林法が
土地利用規制の基本法に当たるものであるが，相互の関連性が担保されていない。
たとえば，都市計画法の都市計画区域，農振法の農振地域については，それぞれ
国交省及び農水省という省庁縦割りの規制が行われており，個別案件ごとに農振
除外（農振法），農地転用許可（農地法），開発許可（都市計画法），林地開発許可（森
林法）の許認可の全部又は一部を受けることによって処理されてきた。しかし，
都市計画法の適用対象となる区域は限定されている上，小規模な開発行為や建築
行為を伴わない土地利用に対して規制ができないこと，農振法については，農業
生産条件の保持を目的としたものであるため，里山など農村環境自体の保全には
不十分であること，農地法や森林法による審査には土地利用計画の観点は含まれ
ていない，といった地理的な範囲や対象についての限界がある。このため，各個
別法の規制の網をくぐり抜けた土地利用が拡散していくなど計画的まちづくりの
阻害要因となってきた。本来これらの個別法に基づく地域指定の総合的調整が期
待される法律は国土利用計画法であり，「総合的かつ計画的な国土の利用」を目
的として，都道府県が定める土地利用基本計画において都市地域，農業地域，森
林地域，自然公園地域，自然環境保全地域の5区分を定めることとしている（9
条1項，2項）。仮に国土全体が5地域のいずれかに組み込まれれば，全国土に土
地利用規制の網がかかることになるが，実際には上記のような単一目的の個別法
のテリトリーを後追いしたものにすぎず，十分な調整機能を果たしているとはい
い難い。単一目的の規制制度は，当該目的ごとに必要性の程度に応じた規制を行
うのが通常であるため，厳しい規制がかけられるコアゾーンとその周辺部でいず
れの規制対象にもならない，あるいは規制対象とされていても規制内容が希薄な，
いわゆる計画白地地域が出現することとなる[71]。このため，田園景観や里山な
ど地域固有の自然を構成する土地が法律による直接の規制対象から外れてしま
い，無秩序な開発を招く結果となっていることから，都市計画白地地域や農振白
地地域のような個別法の規制の比較的緩い地域において，農林業的土地利用と都
市的土地利用を共存させる多目的土地利用コントロールを行う仕組みを導入する
必要性が指摘されている[72]。

(71) 生田長人「市町村の全域を対象とする土地利用計画のあり方について」亘理格＝生田
　　長人＝久保茂樹編集代表『転換期を迎えた土地法制度』（一般財団法人 土地総合研究所，
　　2015年）15頁，藤田宙靖「必要最小限規制原則とそのもたらしたもの」藤田＝磯部＝小林・
　　前掲注(68)11頁。
(72) 生田・前掲注(71)23頁。同36頁は，都市域，農山村域を通した市町村全域の土地利用
　　を即地的に示すため，国土利用計画法に9条の2として「市町村土地利用基本計画」を
　　策定できるとする規定を新設すべきことなどを提言する。

3 都市縮退時代における都市計画法制の転換〔三好　規正〕

　現行の緩い規制の背景には土地利用に関する規制は，目的，対象いずれも公共の福祉の見地からする必要最小限の規制に限られるべきであるとする「必要最小限規制の原則」(73)の存在がある。土地利用計画のあり方を考察するにあたっては，最小限規制の発想を克服し，「全ての土地は，その利用に関し総合的な見地からの調整を経た上で利用されるのでなければならない」という考え方の確立(74)を図る必要がある。

　都市計画法に基づくマスタープランとなる土地利用計画として，都道府県は，都市計画区域の整備，開発及び保全の方針（都市計画区域マスタープラン）を策定することとされている（法6条の2）。これは，すべての都市計画区域について定められる都市計画であり，①都市計画の目標，②区域区分の方針等，③土地利用，都市施設の整備，市街地開発事業の主要な都市計画の方針，が定められる。また，市町村については，議会の議決を経て定められた市町村の建設に関する基本構想及び都市計画区域マスタープランに即して都市計画に関する基本的な方針（市町村マスタープラン）の策定が義務付けられている（法18条の2）。これは1992年の法改正で新設されたもので，都市計画として決定されるものではないが，都市づくりの具体性ある将来ビジョンを確立するための市町村のマスタープランとして決定，公表されるものであり，おおむね10年程度を目標年次として，街づくりの理念・目標・基本方針などが定められている。

　本来マスタープランは，「住民に理解しやすい形であらかじめ中長期的な視点に立った都市の将来像を明確にし，その実現に向けての大きな道筋を明らかにしておくこと」（都市計画運用指針Ⅳ－1・2）がその役割として求められている。しかし，ともに抽象的，理念的な都市づくり構想を示すものにとどまり，目指すべき具体的な都市像が住民にとって明らかではない。また，マスタープランに基づいて用途地域が指定されたり，建築行為や開発行為を統制する基準となったりするような規範性のあるものではないことから，住民の関心が高いとは言えず，現実の土地利用との乖離が生じている。たとえ市町村が地域の望ましい「将来像」を市町村マスタープラン等において描いたとしても，建築基準法においては，用途地域及び接道義務の規制に適合してさえいれば建築主事は敷地単位で建築確認をすべく覊束されていることから，地域環境と乖離した高層マンション等の建築が行われ，住民との間に紛争をもたらすことが少なくない。

　建築基準法は，個々の建築物の安全性に対する規制（単体規定）と，接道要件，

---

(73)　藤田・前掲注(71) 7頁。
(74)　藤田・前掲注(71)16頁。

［行政法研究　第22号（2018.1）］

用途地域の指定など地域環境等の保全のための規制（集団規定）について規定しているところ，建築されようとしている建築物が周辺の既存の空間秩序に及ぼす影響とは無関係に，敷地単位で建築が認められる仕組みとなっていることが，地域環境や景観の激変に反発する周辺住民との紛争の一因となっている。これは，1919年の旧都市計画法と市街地建築物法の制定当時，道路敷地の境界線を建築線とし，現存する幅員9尺（＝2.7m）の道に接する敷地であれば，特に市街地としての街割を行わなくとも，沿道に住宅建築ができることとなっていたことに起因しており，その後1938年の改正により幅員4mに強化されて現在まで引き継がれている。市街地建築物法では，住居，商業，工業の3地域を指定し，建築可能な建築物の種類を制限したが，地域区分も大まかで，都市計画の観点から土地利用を誘導するものではなく，建築物規制という消極的な制限にとどまるものであった(75)。現行の集団規定（建築基準法第3章）を都市計画法に統合し，都市空間の制御を都市計画サイドにおいて一元的に行うことができるようにする必要性については多くの論者によって指摘されている(76)にもかかわらず，実現には至っていない。これは，戦前の法制度の枠組みが現在の都市計画法にも依然として残っていることも影響していると思われる。さらに，1998年の建築基準法改正により，建築確認事務の迅速化等のため民間の指定確認検査機関も建築確認事務を行うことができることとされたが，指定確認検査機関は全国の建築物について審査できるため，各自治体のあずかり知らないところで突然に大規模建築物が建築される事態を招来している。

　次に，区域区分制度（線引き）については，市街化区域は，おおむね10年以内に市街化すべき区域とされているが，運用実務上，将来の人口増加を前提とした過大な面積がとられており，農地なども多く含まれていることから無秩序な宅地

---

(75) 大塩・前掲注（6）76頁。原田純孝「「日本型」都市法の形成」原田編・前掲注(15)39頁は，戦前の建築物法上の集団規定が都市計画とは相対的に独自の制度として確立され，都市計画の観点からコントロールする仕組みが制度化されなかったこと（建築規制は警察官庁により，都市計画を所管する市とは独自に行使された），都市計画なしでも建築線指定さえあれば建物が建てられたといった経緯があるとする。

(76) 大西隆編著『人口減少時代の都市計画 まちづくりの制度と戦略』（学芸出版社，2011年）236頁〔大西隆執筆〕，大橋洋一「土地利用規制と救済」論究ジュリ2015年秋号24頁，蓑原敬『地域主権で始まる本当の都市計画まちづくり ── 法制度の抜本改正へ』（学芸出版社，2009年）56頁，日置雅晴「司法の現場から見た現行法の問題点と都市法改正に向けての日弁連の提言」都市計画272号（2008年）11頁以下など。日弁連は2007年に，開発行為と建築物の建築等をしようとする者は，市町村長の「開発建築許可」を受けなければならないこととすることなどを内容とする，「都市計画建築統合法（仮称）」の検討試案要綱を提示している。

開発等がスプロール的に進行している。また市街化調整区域は，市街化を抑制すべき区域であるが，法34条各号に列挙された例外許可は，とりわけ区分線近傍におけるスプロール的な開発を許す結果となっている。また，2000年の改正により，市街化区域に隣接・近接し，市街化区域と一体的な日常生活圏を構成していると認められる地域で，おおむね50以上の建築物が連たんしている地域のうち，開発許可権限を有する自治体の条例で指定した区域内の開発行為で，予定建築物等の用途が開発区域及び周辺の環境の保全上支障のないもの（法34条11号）や，市街化を促進するおそれがなく，市街化区域内において行うことが困難・著しく不適当と認める開発行為として，都道府県の条例で指定したもの（34条12号）について，地域振興の観点から立地基準が緩和されたことに伴い，かえって市街化調整区域内において，なし崩し的な開発が進行する事例も発生している[77]。今後の都市機能の集約のためには，可住地面積をこれ以上増やさないことが必要であり，このような制度の廃止も含めた検討が必要と思われる。さらに非線引きの都市計画区域（都市計画白地地域）については，前述のように開発許可に面積によるスソ切りがあり，立地施設の用途に対する規制もかからないため，ロードサイドの小規模な商業施設や駐車場などの立地により農地が蚕食され拡散的開発が進行している。本来，農業・森林地域のような非都市的土地利用が行われている区域を含めた総合的な土地利用計画とこれに準拠した土地利用規制を行うことにより，都市とその周辺部の地域全体にわたるコントロールがなされなければならないのである[78]。

　線引きについては，現行都市計画法の基礎となった1967年の宅地審議会の第6次答申においては，個別開発も認める「既成市街地」，計画的かつ一定規模以上の開発行為のみ認める「市街化地域」，当面原則的に開発を禁止する「市街化調整地域」，開発を禁止し，土地売買も制限する「保存地域」の4区分が想定されていたが，制度化されたのは現行の2区分であった。「既成市街地」の区域が設けられなかったのは，土地利用の規制に関する地域区分の基準たり得るほどの厳密さでビルト・アップ・エリアを客観的に把握することが困難であったこと，「保

---

(77) 野澤・前掲注(4)72頁以下は，埼玉県川越市において，市街化調整区域の立地基準を条例で緩和した事例を挙げ，農地や樹林地の無秩序な開発が進行し，同一市内で市街化調整区域内への人口移動が生じたものの，市外からの転入者の増加にはつながらなかったことを指摘している。

(78) 成田・前掲注(66)212頁〔初出，ジュリスト722号（1980年）〕は，都市計画区域の指定の制度を廃止し，すべての市町村が中心都市と周辺農村を一体とした「都市農村計画」の適用を受けられるようにすべきことを提言している。生田長人『都市法入門講義』（信山社，2010年）24頁は，市町村全域を対象とした総合的土地利用計画の必要性を指摘する。

存地域」については，緑地，風致等の保存は，それらの目的をもった既存の個別のゾーニング制度で達成できることのほか，市街化調整区域における開発許可の適切な運用によって実現が可能とされたこと等が，説明されている[79]。しかし，いずれもあまり説得力のある理由とは思われず，立法過程の中で政治的妥協を余儀なくされたというのが現実であろう。ゾーニングにより計画的に開発と保全を進めるという観点が後退したことが，前述のような弊害をもたらす要因の一つになっていることは否定できないと思われる。

（3）自然災害に対して脆弱な土地利用

　土地利用調整機能と開発許可基準に関連する問題点として，土地利用と自然的立地的な土地特性との乖離がある。たとえば，都市水害は，雨水の地下浸透能力が限界に達して下流域であふれることによって多発するが，水の滞留する地域は地形的に明らかであるため，本来宅地など都市的な土地利用は回避すべきである。しかし，現行法制度では開発予定地の自然立地的な土地特性について審査する仕組みとなっていないため，土地履歴について旧地形の地盤データや地下水の影響等を精査して個々に開発の許否を判断することは困難である。本来，溢水，湛水，津波，高潮等による災害の発生のおそれのある土地の区域は市街化区域には含まないことが原則とされ（都計法施行令8条2号ロ），都市計画担当部局と治水担当部局が予め十分協議して都市計画案を作成するべきであるとされている（昭和45.1.8建設省都計発1号・建設省河都発1号建設省都市局長・建設省河川局長通達「都市計画法による市街化区域および市街化調整区域の区域区分と治水事業との調整措置等に関する方針について」）にも関わらず，現実には都市化に伴う河川への流出増加への影響が十分に考慮されることなく，河道沿いの低湿地や旧河道など軟弱地盤地域にも市街地が形成されてきた。各個別法の要件に適合した「適法」な開発許可によって結果的に自然災害に対して脆弱な宅地が造成され，洪水被害を防ぐための堤防や防波堤等のインフラに多大の投資がなされてきたのである。たとえば，2011年東北地方太平洋沖地震（東日本大震災）の際の宮城県気仙沼市における津波の遡上範囲は，1949年当時，農地として利用されていた区域（非居住地）とほぼ一致しており，標高の高いところに立地していた旧市街地では人的被害が少なかったのに対し，新市街地では甚大な被害が発生したという解析結果[80]がある。

---

(79)　大塩・前掲注（6）130頁。
(80)　小荒井衛「災害特性に基づく地理的地域特性区分と活用」都市計画306号（2013年）44頁以下。

これは，堤防や防潮堤の整備により低地にも市街地が形成されるようになったことに起因しており，ランドスケープ・リテラシー（土地環境の特徴や成り立ちを読み解く力[81]）の欠如が被害を拡大させたことを示している。他にも，利根川下流地域の千葉県や茨城県では宅地や農地として埋め立てられた旧河道や旧湖沼で地震に伴う液状化被害が多発したというデータがある[82]。

なお，土砂災害防止対策を目的とした法律としては，砂防法，地すべり等防止法，急傾斜地の崩壊による災害の防止に関する法律，の「砂防三法」があり，土砂災害のおそれのある区域における警戒避難体制の整備，開発行為の規制，既存住宅の移転促進などソフト的対策を規定した法律としては，2001年4月から施行された土砂災害警戒区域等における土砂災害防止対策の推進に関する法律（土砂災害防止法）があるが，地価への影響を懸念する地権者の抵抗もあって基礎調査後も警戒区域等の指定がなされていないケースが少なくないことが指摘されている[83]。さらに，受益者負担を求めることなく公費のみで傾斜地の危険を公共工事で軽減する現行の砂防行政は，「ただ乗り」を許容する結果ともなっている。

戦後の都市計画行政は，都市化が健全な水循環に及ぼす影響というものをあまりにも軽視してきた結果，その弊害が今になって一気に顕在化しているように思われる。今後，地球温暖化の進行に伴う豪雨の増加や地震活動の活発化による自然災害リスクはさらに高まることが想定されるため，これ以上自然災害の潜在的危険性の高い地域への市街地の拡大を防止する施策は急務である。

2　開発許可制度の課題と見直し

（1）開発行為概念の拡大

開発許可制度は，前述のように都市部におけるスプロール対策として早急にコントロールを行う必要があったことから，直接，人口，産業の立地につながる建築物の建築等の用に供する宅地造成行為等を規制対象としたものである。都市計

---

(81) 村上暁信「ランドスケープ・リテラシーと都市デザイン」都市計画293号（2011年）76頁。

(82) 青山雅史「旧版地形図・迅速測図から液状化危険地域を読む」地理62巻8号（2017年）20頁以下。

(83) ソフト対策としての土地利用規制の必要性を指摘したものとして，阿部泰隆「宅地造成等規制法・急傾斜地法の仕組みと問題点 —— 山田幸男先生の業績を再評価して」日本土地法学会編『水害 —— その予防と訴訟（土地問題双書22号）』（有斐閣，1985年）45頁以下，宇賀克也「総合的土砂災害対策の充実へ向けて」高木光＝交告尚史＝占部裕典＝北村喜宣＝中川丈久編『阿部泰隆先生古稀記念　行政法学の未来に向けて』（有斐閣，2012年）287頁，同「危うきに近寄らず」法教230号（1999年）1頁。

［行政法研究 第22号（2018. 1）］

画法４条12項の開発行為については，非都市的土地利用から都市的土地利用への転換行為の全てを開発行為とはしていないため，地域環境管理の視点からの規制を行うことはできない。しかし，都市への人口集中が以前よりも沈静化している現在，集中のコントロール手段として開発行為概念を政策的に限定していた理由は失われている一方，既存の開発行為ではとらえられない，区画形質の変更を伴わない既存土地利用の変更や建築物等の利用放棄が増大している(84)。今後，成熟・縮退期の都市域の面的なコンパクト化と最適な環境を備えた市街地形成を進めるためには，地域の適切な土地利用計画に基づき開発行為に対するコントロールを強化していくことが必要である。

　そこで，建築物の建築等の用に供するものに限られている開発行為の概念を拡大し，前述の利用放棄行為も含む現状の土地利用の転換行為や敷地の分割・統合についても規制対象とするとともに，面積要件を撤廃し，原則として地区計画（法12条の５）の策定を条件として開発を認めるようにすることが適切である。また，開発許可対象行為についても，法令において全国一律に定めるものだけでなく，地域特性に応じて条例により拡大，変更することも許容されることとすべきである。前述の建築基準法の集団規定と開発許可規定との統合については，漫然と先送りすべき課題ではなく，具体的な検討が開始されなければならない時期に来ていると考えられる。

（２）開発許可基準の見直し

　わが国では，個人の財産である土地・建物に対する規制は事前に明示されていなければならないとする考え方が支配的(85)であり，開発許可基準も数値等により事前に明示された定量的なものが大半となっているため，許可に際して行政庁の裁量は基本的に認められない。しかし，前述のように土地所有権は，地域の環境を踏まえて最適な土地利用をすべき社会的制約を受け，当該土地の置かれた具体的状況や地域特性に応じ，土地利用の方法も拘束されると考えるべきものである。

　とりわけ，少子高齢化が進行する中，多くの地方都市で，市街地周辺での人口減少が進み，居住が低密度化し，厳しい財政下で医療・福祉，商業等の地域サービスの提供が困難となるおそれが指摘されており(86)，郊外開発を抑制してコン

(84) 『国土交通政策研究』・前掲注(63)（生田執筆）45頁。
(85) 中井検裕「都市計画法の抜本改正に向けて」地域開発2008年７月号８頁。
(86) 都市計画法制研究会『コンパクトシティ実現のための都市計画制度 — 平成26年改正都市再生法・都市計画法の解説』（ぎょうせい，2014年）６頁。

3　都市縮退時代における都市計画法制の転換〔三好　規正〕

パクトシティ化による都市機能の集約を図っていくことが求められている。この
ため，2014年には都市再生特別措置法が改正され，市町村が立地適正化計画を作
成し，居住誘導区域，都市機能誘導区域，居住誘導区域外の区域で，宅地化を抑
制するため，市街化調整区域とみなして開発許可基準を適用する居住調整区域な
どを定めることができることとされた。当面はこのような特別法による対応もや
むを得ないが，全国画一的な定量的許可基準だけでなく，各地域の自然的，社会
的特性に応じた里山や環境農地の保全などに資する定性的基準を条例の定めると
ころにより弾力的に導入することを認める委任規定を置くことが適切である。ま
た，同法の規定は，一定期間経過後には都市計画法の規定と統合して一元化すべ
きである(87)。

　また開発行為は，土地利用と水循環の過程を著しく改変するものである以上，
治水・防災面で大きな負荷をもたらすものであることはいうまでもない。した
がって，都市計画に関する基礎調査（都計法6条）の際に計画区域内の土地の特
性調査を行い，開発許可基準（都計法33条1項）において土地特性の個別評価及
び開発計画が実施された場合における安全性の定量的把握のための防災アセスメ
ントの実施を，開発工事を行おうとする者に義務付けるとともに(88)，開発予定
地を購入しようとする一般市民が当該土地のかつての形状と客観的な土地特性と
危険性を理解できるようアセスメント結果の公表を都道府県知事に義務付けるべ
きである。このような地質地盤情報の共有化と公開については，日本学術会議や
地質地盤学会などから提言がなされている他，国土交通省の社会資本整備審議会
「地下空間の利活用に関する安全技術の確立に関する小委員会」も，官民が所有
する地盤情報等の共有化と公開，地盤リスクアセスメントの技術的手法の確立な
どについての答申を2017年9月に行っている(89)。

　2000年の地方分権改革以降，河川管理は法定受託事務，都市計画関係事務の大
半は自治事務とされ，ともに「地方公共団体の事務」（地自法2条8項，9項）で
あることにかんがみると，河川流域の一体的な安全性の確保を図る法的責任が都
道府県に課せられていると考えなければならない。2014年7月から施行された水
循環基本法(90)は，「水循環に関する施策を総合的かつ一体的に推進」し，「健全

---

(87)　大橋・前掲注(76)23頁。
(88)　中村八郎『地震・原発災害　新たな防災政策への転換』(新日本出版社，2012年)166頁・
　　228頁以下，三好規正「都市法の構造転換に向けた課題と提言」山梨学院ロー・ジャーナ
　　ル8号（2013年）122頁。
(89)　法的論点とこれまでの提言等については，宇賀克也「地質地盤情報の共有化と公開」
　　季報情報公開・個人情報保護65号（2017年）43頁以下参照。

な水循環を維持し，又は回復」させることを目的としており，国及び地方公共団体に，流域における水の貯留・涵養機能の維持及び向上を図るため，雨水浸透能力又は水源涵養能力を有する森林，河川，農地，都市施設等の整備その他必要な施策を講ずることを義務付けている（14条）。このような基本法の趣旨もふまえ，河川に多大の負担をかける開発に対しては，保水・遊水機能の保持を都道府県条例[91]によって義務付けるなど，流域の健全な水循環の保全の理念を都市計画制度の中に取り入れていくような法システムの転換が求められる。

　都市計画法の開発許可制度は，イギリスの都市農村計画法の計画許可（Planning Permission）の制度に範をとったものであり，当初は単体の建築行為もすべて許可対象とすることが考えられていたが，当時の諸事情から，建築物の建設を目的とする土地の区画形質の変更のみに限定されたという経緯がある[92]。現在，イギリス（イングランド）においては土地利用のマスタープランを実現するための手段として，原則としてすべての開発行為に対して個別審査による計画許可制度が採られており，「開発行為」の概念は，「地中，地表，空中又は地下において建築，土木，採掘若しくはその他の工事を行うこと，又は建物若しくはその他の土地の利用の重要な変更」(1990年都市農村計画法55条①）と，極めて広いものとなっている。開発計画許可申請の許可基準となる開発計画文書（development plan documents）については，広域計画である地域空間戦略（Regional Spatial Strategies，「RSS」）及び基礎的自治体レベルの計画である地方開発フレームワーク（Local Development Flameworks，「LDFs」）への適合が義務付けられている。開発計画許可申請は，基礎的自治体である地方計画当局（ディストリクト・カウンシル）に対して行われるが，審査にあたっては地方計画当局に広範な裁量権が

---

(90) 水循環基本法の概要と課題については，三好規正「水循環基本法 ── 健全な水循環のための水管理法制を考える」法教411号（2014年）64頁以下，同「水循環基本法の成立と水管理法制の課題（1）」自研90巻8号（2014年）81頁以下。

(91) 2014年3月制定の滋賀県流域治水の推進に関する条例は，200年に1度の確率の降雨で3メートル以上の浸水被害が予想される区域を「浸水警戒区域」に指定し（13条），新築・増改築する際，部屋や屋上を想定水位より高くすること等を義務付け（14条，15条），違反者に20万円以下の罰金（41条）を科すこと，宅建業者は想定浸水深等に関する情報提供に努めること（29条）などを主な内容とする。罰則付きの建築規制を規定した氾濫原管理条例は全国初である（附則において罰則は当分の間適用されないこととされている）。また，埼玉県雨水流出抑制施設の設置等に関する条例の2011年改正により，開発区域の面積が1ヘクタール以上の開発行為等を「雨水流出増加行為」として，知事の許可を受けることを義務付け（3条），知事が指定する「湛（たん）水想定区域」内の土地において盛土をしょうとする者に雨水流出抑制施設設置の努力義務（11条）を課している。

(92) 大塩編著・前掲注（6）133頁，497頁。

与えられており，開発計画に定められた政策（都市施設などのハード面だけでなく，環境，福祉，雇用，教育などのソフト的政策も含む。）と地域の状況を反映した独自の定性的な基準に従って，あらゆる関連考慮事項を考慮して計画許可の許否の判断がなされる。また，計画当局は，開発類型ごとにさまざまな専門機関や団体と協議するとともに，住民・コミュニティ等の第三者から意見書の提出を求めて総合的な考慮，調整を行う。住民参加手続きについては，法的拘束力のあるコミュニティ関与の方針（Statement of Community Involvement，「SCI」）において，開発案件ごとに参加方法等が明示され，早期の段階からの利害関係者や住民との調整が，開発事業者ではなく，計画当局の手によって行われることとなっている[93]。今後，比較法的な視点もふまえて，わが国の自然的及び社会的条件に適合的な法制度の導入について検討が必要である。

（3）計画許可制度の導入と条例による許可基準の補完

ア．計画許可のあり方

現行の開発許可制度の問題点として，市町村の定める都市計画マスタープランなど土地利用計画への適合の有無とは無関係に行われ，開発行為が周辺の土地利用や環境などの空間に与える影響への考慮が不足していることが挙げられる。したがって，今後の都市法制に不可欠な視点は，土地について，公共の福祉の優先（土地基本法2条）及び適切な利用（同3条）を示した土地基本法の理念に立ち返って開発自由の原則を見直し，たとえ私有地であっても，土地所有者は当該土地の置かれた自然的，社会的状況に応じた利用をすべき内在的制約を負っていることを前提とした法制度と計画を確立していくことである。そもそも土地の利用は周辺に影響を及ぼすことから，開発予定地周辺の土地利用との調整をしてはじめて開発できる[94]，という考え方が前提とされなければならない。このためには，開発計画の段階で，地域における公益と私益，私益相互間の多元的調整機能が求められることとなるため[95]，開発許可制度をより裁量的な許可の仕組みに改め

---

(93) イギリスの都市計画と計画許可制度については，洞澤秀雄「都市計画法の規律密度と枠組み法化に関する一考察 ── イギリス都市農村計画法を参照して」南山法学39巻3・4号（2016年）15頁以下，同「都市計画における調整・協議に関する一考察 ── イギリス計画許可制度を題材に」札幌学院法学26巻1号（2009年）35頁以下，和泉田保一「イギリス計画許可制度の概要と近年の動向」東北法学28号（2006年）2頁以下参照。

(94) 安本・前掲注（8）87頁。また，高橋・前掲注(61)41頁は，「建築不自由原則」ないしは「計画なければ開発なし」原則は，当該開発・建築行為が当該土地上で行われることの適否の審査に加えて，当該開発・建築行為の技術的基準に基づくチェックが，土地利用計画に基づいてなされることが最低限の要請とする。

る必要がある[96]。そこで，社会的合意を得た都道府県及び市町村の土地利用計画をふまえ，行為が地域空間に与える種々の影響と利害関係を総合的に衡量しうる計画許可[97]の仕組みをわが国の開発許可法制にも導入すべきである。とりわけ周辺住民との紛争の多い高層マンションの建築等を目的とする開発行為の場合，開発許可申請の段階で周辺土地利用との調整を行わせる仕組みが不可欠である。たとえば，高知県土地基本条例は，開発区域面積10ヘクタール（ゴルフ場の場合，5ヘクタール）以上の開発行為をする事業者に，法律に基づく申請手続きに先立ち，知事に開発計画書の提出を義務付け，県及び市町村の土地利用計画に適合しないもの，関係市町村長から不適当である旨の意見が出されたもの，開発計画の住民説明が行われていないものなどについては，知事は，開発計画の中止，変更等の命令を発出することができるとするものであり，法律に基づく審査過程とは別の手続として土地利用の計画適合性評価[98]のプロセスを条例で規定したものである。

　総合的な空間利用計画の中に開発許可を適正に位置付けるためには，予定建築物の構造も含めて個々の開発計画が各市町村の定める土地利用計画に適合していることを義務付けるなど既存の空間秩序との調整に関する個別的かつ定性的な基準が必要となる。そこで，前述の建築基準法の集団規定に基づく審査を開発許可制度と統合して，当該地域の景観やまちなみ，自然環境などを侵害しないよう土地利用転換行為について事前調整を図る仕組みを創設することが適切である。たとえば，文化財保護法の対象にはならないものの，地域において重要な位置を占めてきた歴史文化的建造物，生物多様性の保全に資する緑地，湿地等を侵害しないことを要件とすべきである。

　具体的な制度設計としては，建築確認申請に先立ち市町村長による「土地利用適合審査」（仮称）を受けなければならない仕組みを都市計画法に導入することが考えられる。なお，計画許可制度が導入されれば，許可の時点で処分性を認めて抗告訴訟で争うことも可能となる。このような制度を導入するためには，市町村全域にわたる総合的な土地利用計画の策定が行われていることが前提となる（この点については，Ⅳ2で後述）。

---

(95) 西谷剛『実定行政計画法 —— プランニングと法』（有斐閣，2003年）50頁は，計画の特徴は，諸利益の調整を通じて最大公益，客観的公益を求めることにあり，ここに行政庁の裁量を認める理由があるとする。

(96) 遠藤博也『実定行政法』（有斐閣，1989年）196頁は，警察許可と特許の中間にあるものとして計画許可，調整許可の概念を提示している。

(97) 国土交通政策研究・前掲注(63)（生田執筆）52頁。

(98) 北村喜宣『分権改革と条例』（弘文堂，2004年）231頁。

イ．許可制度の条例による補完

　開発行為について，計画段階での長への事前協議，住民等の関係者への原案説明会の開催とそれに対する住民意見書の提出等の事前手続を規定する条例として，上記高知県条例以外にも，神奈川県土地利用調整条例，鎌倉市開発事業における手続及び基準等に関する条例，国分寺市まちづくり条例，京都市土地利用の調整に係るまちづくりに関する条例などがある。このような，住民に近く，現場に通暁した自治体が国の法令に先立って政策課題を認知することにより制定された先導的な条例(99)の規定を，都市計画法に取り込む形で法改正を進めていくことは今後の立法課題であり，たとえば，開発許可申請の前に自治体の条例による事前手続を義務付けることができるとする確認規定を都市計画法に置くことが考えられる。また，各地域の自然的，社会的特性をふまえた予測可能性の高い詳細計画をあらかじめ策定し，開発計画の段階で計画と土地利用との事前調整を可能とするシステムを法制度化すべきである。このためには，前提となる土地利用計画や規制基準を住民自身も参画してボトム・アップで策定し(100)，「地域のルール」として認知することが不可欠であり，建築基準法に定める建築協定や都市計画法に定める地区計画の積極的活用に加え，たとえば，住民組織（まちづくり協議会や里づくり協議会等）が作成した土地利用計画を知事が認定することによって，当該地域内の開発計画の審査基準となる旨を都道府県の条例において規定しておくことが適切である(101)。

　現行法では開発許可基準を適用するについて必要な技術的細目は政令で定めることとされているが（法33条2項），地方公共団体は，その地方の自然的条件の特殊性等を勘案し，政令で定める基準に従い，条例で，政令で定める技術的細目の制限の強化・緩和ができる（同条3項）。しかし，政令の留保付きであるため，たとえば地域防災や環境保全等のための規制について自治体が国に先駆けて必要性を認知していたとしても，地域独自の視点からの基準を条例で自由に定めるこ

---

(99)　角松生史「自治立法による土地利用規制の再検討 —— メニュー主義と「認知的・試行的先導性」」・前掲注(61)326頁～327頁は，法的な対処を必要とする新しい種類の問題が生じたときに，現場の事情により通じている地方公共団体の方が，国よりも先行し条例の形で対処する現象を「認知的先導性」，「試行的先導性」と呼び，最終的には法律による全国的規制に至るべき事案についても，先導的条例の制定を促進する必要性を指摘する。

(100)　高橋・前掲注(61)54頁は，基準の内容は，当該土地の状況や，自然的・地理的・社会的・歴史的状況等によって異なりうることから，周到な住民参加の下で自治体が策定していくことが必要不可欠と指摘する。

(101)　阿部・前掲注(16)230頁。農山村の環境まちづくりを目的とした条例に基づくゾーニングとして，神戸市「人と自然との共生ゾーンの指定等に関する条例」の「里づくり計画」や兵庫県「緑豊かな地域環境の形成に関する条例」の「景観整備地区」などがある。

とができるかどうかについては疑義が生じ，自治体への抑制効果が生じることは否定できない。

一方，法令による全国一律の規制だけでは地域の自然的，社会的特性をふまえた対応が困難である場合あるいは法令の定める要件規定が抽象的でこれを明確化する必要があるような場合において，法律により事務の執行権限を与えられた自治体が地域特性に適合した対応を行うため，法律の規制対象についてその許可要件等を条例で新たに追加，加重又は具体化し，法律の枠組みを用いて執行することを目的とする条例が制定されることがある。このような条例は法律リンク型の条例（「法律実施条例」）とよばれている[102]。法律実施条例の適法性について近時の学説には次のようなものがあり，適法性を広く認める傾向にある。

①「法律上の要件の条例による具体化（「具体化条例」）」は，「法律上の権限者に与えられた裁量権の範囲内」であれば許されると解するもの[103]，②法律を通じた国会の自治体に対する命令を１つのベクトルの形状で考えた場合，法律本則や政省令により決定された内容を除く残余の部分には，法令の範囲内で自治体が裁量を行使しうる余地（オープン・スペース）があると考えるべきであるとするもの[104]，③地方自治法２条12項の解釈原則をふまえて「自治事務において，法令上の（強化・緩和を含む）基準によっては，地域における行政需要に応じた自主的・総合的な行政実施が困難であり，それを補完する並行条例によっても，当該法令によって並行条例に課される制約によって的確に対応できない場合」には，法律の適用命令は法令自体においては完結しておらず，条例による実体要件の付加が認められる[105]とするもの。

---

(102) 法定要件を自主解釈した規定を条例により追加する法律リンク型の条例として，たとえば鳥取県砂利採取条例は，①当該砂利採取業者が当該認可申請をする以前に知事から採取認可を受けた他の砂利採取場の中に，埋戻しを完了していないものが２箇所以上ないこと，②当該砂利採取業者が埋戻しを適切に行わないときは，本人に代わって埋戻しを行うことについて規則で定める他者の保証を受けていること等を砂利採取法19条の採取認可の条件としている（６条）。
　　北村喜宣「法律実施条例の法律抵触性判断基準・試論」自治総研453号（2016年）84頁以下は，法律実施条例について，法律抵触性の判断基準の定立を試みる。
(103) 岩橋健定「条例制定権の限界」塩野宏先生古稀記念『行政法の発展と変革（下）』（有斐閣，2001年）376頁。
(104) 北村喜宣「法律改革と自治体」公法72号（2010年）130頁。
(105) 斎藤誠『現代地方自治の法的基層』（有斐閣，2012年）304頁。櫻井敬子「自治事務に対する法令の制約について」自研77巻５号（2001年）73頁は，都市計画法33条１項本文が法定基準に適合している場合には開発許可をしなければならないとしていることにつき，地域性を理由とする条例による基準設定が完全に排除されたとみるほどに強い制約とみるべきかどうか疑問を呈し，立法論として改善の余地があるとする。

3 都市縮退時代における都市計画法制の転換〔三好 規正〕

　都市計画法についても，法令の基準のみによっては，地域課題の解決が困難であることを立法事実から明らかにすることができれば，たとえ法律の委任がなくとも，法律の趣旨・目的の範囲内で，条例により法定要件の具体化，詳細化，追加又は加重を行うことは適法と解すべきである。したがって，法律には公権力行使の根拠規定や全国一律に適用される最低限の規制基準を定めるにとどめ，各自治体の自然的，地理的，歴史的な特性を踏まえて独自の要件・基準を条例により変更・追加[106]できるような「枠組法化」[107]を図ることが求められる。たとえば，「都道府県（市町村）は，○○（規制目的）のため，必要があると認めるときは，この章（節）に規定する措置に代えて，○○（規制対象）に関し，条例による規制を行うことができる」といった確認規定（創設規定と考えるべきではない）を各個別法に置くことが考えられよう。なお，条例への委任に関し，2011年に制定された2次にわたる一括法（「地域の自主性及び自立性を高めるための改革の推進を図

────────────

(106) 斎藤・前掲注(105)429頁〜430頁は，自然環境保護分野において，法律による規制スキーム（許可制など具体的に要件効果を定めるもの）を標準的なスキームとして設計し，条例によりそれと同等の保護水準が達成できるのであれば地域独自のスキームへの置き換えを認める手法を提言する。
　　条例による法令の規定の補正を許容する通則的規定を地方自治法に置くことを提言するものとして，松本英昭「自治体政策法務をサポートする自治法制のあり方」北村喜宣＝山口道昭＝出石稔＝礒崎初仁編『自治体政策法務』（有斐閣，2011年）89頁以下。

(107)「都市計画法に基づく規制の仕組みの変更（第3章，生田長人執筆）」国土交通政策研究・前掲注(63)15頁は，都市計画法を枠組み規制法として，最低限遵守しなければならないレベルの規制内容を明示し，各市町村が開発許可，建築許可の上乗せ・横出し条例を定めることができる旨の根拠規定を置くことが適切とする。生田長人「枠組み法序論」亘理格＝生田長人編集代表『都市計画法制の枠組み法化──制度と理論』（一般財団法人土地総合研究所，2016年）23頁は，法で規定していた内容を，①フレーム部分，②全国的に共通して適用する必要がある部分，③各地域がそれぞれの状況に応じて内容を定め，その地域に適用するインフィル部分，に区分し，③を条例等に委ねる仕組みに変更することを枠組み法の基本構造としている。また，亘理格「「標準規制としての都市計画法」の法的性格と法制度化の視点」同189頁以下は，合理的な理由があれば，法律の規制内容の適用を免れて条例による独自の規制を行うことを認め，これがない場合には，法律の規定がそのまま適用される，標準規制方式の採用が適切とする。インフィルを行う条例のあり方については，大貫裕之「条例論」同157頁以下。
　　開発許可の定義，対象，手続について市町村条例による規定を可能とすること，建築確認を自治体の長による建築許可制に再編することなどを内容とする法改正の提案について，野口和雄「都市法改革の方針──建築許可制度への転換を中心にして」『季刊まちづくり』38号（2013年）12頁以下。
　　地方分権改革を背景に，法令全般の規律密度を低下させ，根幹部分のみを定めることによって自治体の法政策裁量に委ねる必要性を指摘するものとして，北村・前掲注(98)163頁，礒崎初仁「法令の規律密度と自治立法権──地方分権改革推進委員会の検討を踏まえて」北村＝山口＝出石＝礒崎・前掲注(106)368頁以下。

［行政法研究 第22号（2018. 1)］

るための関係法律の整備に関する法律」）による関係法令の改正に伴い，施設・公物設置管理の基準（公営住宅，道路構造・標識，保育所の設備等）につき，「従うべき基準」，「標準」，「参酌すべき基準」のいずれかの類型を示して条例に委任することとされた（2012年4月施行）。しかしながら，この改革は，従来の法律構造を所与として，政省令委任事項の一部を条例委任したにすぎず，むしろ法令の明示的な委任のない限り，条例による基準の変更は許容されないと反対解釈されるおそれすらある点で，依然不完全なものといわなければならない。

このように，条例に基づくローカル・ルールによる土地利用規制の標準化によって動態的な判断を可能とすることにより，都市成長に伴うスプロール抑制を主眼とした全国一律の覊束的な許可に替えて，都市縮退時代の生活空間の多様性を前提とした，自治体の裁量を広く認める許可制度への転換を図っていくことが不可欠と考えられる[108]。

IV　都市縮退を見据えた都市法制のあり方

1　地域特性を活かした都市計画の視点

（1）土地利用規制とローカルな公共性の承認

これからの都市計画法制は地域にとって望ましい都市空間形成のための手続法としての性格を帯有したものに変革していくことが求められる。有限な都市空間において相互にトレードオフの関係にある各種の公益の中で，何があるべき土地利用秩序かについて，全国一義的な解は存在しない[109]。むしろ，各個別法の目的に応じた縦割り，全国画一的の国家的公共性だけでなく，当該市町村におけるまちづくり計画などに基づく地域的の合意を形成して，これに公共性を認めることにより，個別法による規制を越えた総合的見地からのコントロールを図るシステムが必要である。現行の都市計画法は，都市と農地や森林との関係が射程外となっていることが問題であり，都市空間ないし自然生態系の構成要素をなす土地の本

---

(108) 松本昭『まちづくり条例の設計思想 —— 国分寺条例にみる分権まちづくりのメッセージ』（第一法規，2005年）89頁は，まちづくり関係条例の歴史は，法令を基本としたガバメント（統治）型土地利用から法令によるナショナル・ルールと条例によるローカル・ルールの連携による「ガバナンス（共治）型土地利用」への移行の系譜とする。

(109) 磯部力「公共性と土地利用秩序の段階構造」藤田＝磯部＝小林編・前掲注(68)148頁。磯部は，公共性概念を多段階的に把握し，①秩序維持的・必要最小限土地利用規制（警察的公共），②狭域的・近隣秩序調整的土地利用規制（地域的小公共），③広域的・能動的土地利用規制（広域的大公共），④民間自律行動支援的土地利用規制（中間的領域）に区分して土地利用規制を行う必要性を指摘している。

3 都市縮退時代における都市計画法制の転換〔三好 規正〕

来的公共性をふまえ，土地の所有権の有無に関わりなく地域住民[110]が共同で合意形成を図る法的仕組みが構築されなければならない。

　これからの少子高齢化と都市縮退の時代は反面，地域住民と行政が相互に連携して現在及び将来にわたり自然生態系と共生する持続可能[111]な都市を再形成する好機でもあり[112]，都市計画の中に生物多様性や健全な水循環の保全を可能とする空間管理の仕組みを組み込んでいくことが求められる。このためには，広範な住民の参加と合意によって策定された計画に基づき，土地利用相互間の価値序列の決定や空間利用秩序の調整をローカル・ルールとして確立し，その枠組みの中で個々の土地利用を行うようにすることが不可欠である。そして，許認可権者である自治体と開発を希望する土地所有者・事業者の二面関係を前提とした都市づくりに替えて，地域住民や NPO など多様な主体を含めた三面関係の下で，地域特性を重視し，地域価値を高める都市づくり[113]が進められなければならない。都市空間秩序形成過程においては，行政だけが公共性を独占的に担う主体ではあり得ないからである[114]。民主的プロセスを経て確定された共同利益について，その便益を受ける者が実現を求める権利は環境公益[115]ともよばれ，住民は，政策立案過程において行政と水平的に協働して公益を発見し，実現していく役割[116]を担うべき存在といえる。

　近年注目されている「エコ・コンパクトシティ」とは，徒歩，自転車で活動できる集約拠点を公共交通で結ぶという集約型の都市構造をめざし，合わせて生態系や環境に配慮した社会の実現を図る[117]という環境共生型都市の政策理念であ

---

(110) 原田・前掲注(60)52頁は，「住民」について所有者ないし地権者の集団としてではなく地域住民一般ないしその団体として把握すべきとする。

(111) 持続可能性（sustainability）については，1992年の地球サミット開催を契機に提唱された理念で，生態系と社会経済システムが不可分に結びついて将来世代にわたり持続可能（sustainable）であることを意味する。現行法では，環境基本法が「現在及び将来の国民の健康で文化的な生活の確保」を目的とし（１条），「現在及び将来の世代の人間が健全で恵み豊かな環境の恵沢を享受する」（３条）ことを基本理念としているほか，海洋基本法２条，生物多様性基本法１条，３条２～５項も持続可能な利用を規定する。

(112) 内海麻里「拡大型・持続型・縮退型都市計画の機能と手法 ── 都市計画の意義の視点から」公法74号（2012年）182頁は，「縮退型」の都市計画では，地域住民や民間団体等の自主性と合意を尊重しながら，国家が，国民共通の価値を示し，将来世代に向けて自然的土地利用に戻していく役割を改めて認識する必要があるとする。

(113) 小林重敬「市街地の縮減と新たな市街地郊外部」都市住宅学78号（2012年）46頁。

(114) 磯部力「行政システムの構造変化と行政法学の方法」小早川光郎＝宇賀克也編 塩野宏先生古稀記念『行政法の発展と変革（上）』（有斐閣，2001年）56頁。

(115) 北村喜宣『環境法』（弘文堂，2015年）53頁。

(116) 芝池義一「行政法における公益・第三者利益」ジュリスト増刊『法律学の争点シリーズ９　行政法の争点〔第３版〕』（有斐閣，2004年）13頁。

るが，その実現手段として身近な里山を地域の自然資源として保全していくことが必要となる。たとえば，森林の中でも人里近くに位置する二次的自然としての里山は，生活や生産活動のための薪や下草等の採取が植物種と動物種の多様性を高めて健全な生態系の持続[118]につながるという連関を有しており，底地の所有権にかかわらず，入会として慣習法的利用がなされることによって結果的に景観や生態系の保全など公益的な機能をも果たしてきた。総有として土地を利用する入会はコモンズともよばれ，自然の再生産力を維持した持続可能な資源管理を可能としてきたといわれている[119]。しかし，農林業の共同作業を通じて保たれてきた，自然空間と同時に生活環境でもあった農山村空間の環境は，産業としての農林業の衰退と地域共同体の崩壊に伴い，放置林化や無秩序な宅地化等の形で喪失しており，ひいては土砂災害や水害の原因ともなりかねないのが現状である。今後，里山のようなありふれた二次的自然を保全していくためには，その存在自体について，個人財産を越えた地域的な環境資源と位置付け，地域住民と行政，NPOなど多様な主体の連携による共同管理を実現することが求められる。それは，私有財産である森林の「所有」と「利用・管理」を分離し，「公」と「私」の二項対立にとらわれない「共」による地域財産の管理を実現することを意味しており，地域独自の土地利用計画に基づき，農業者・林業者，住民，NPO等が行政主体と連携して地域環境資源として共同管理する「現代的コモンズ」[120]を法制度化していくべきである。このための手段として，地域の里山などに都市住民や環境NPOなど多様な主体がアクセスして保全活動を行うことができるようにするため，都道府県又は市町村の条例の定めるところにより協定，協議制度を導入できるとする委任規定を都市計画法や森林法に置くこととすべきである。このことにより，多様な主体が所有権の有無にかかわらず，農地・森林にアクセスする「共」による管理に法的正当性を付与することになる[121]。また，不特定多数

---

(117) 浅見泰司「エコ・コンパクトシティの実現に向けた都市計画関連制度の方向性」新都市64巻2号（2010年）12頁。

(118) 武内和彦＝鷲谷いづみ＝恒川篤史編『里山の環境学』（東京大学出版会，2001年）17頁。

(119) 井上真「自然資源の共同管理制度としてのコモンズ」井上真＝宮内泰介編『コモンズの社会学　森・川・海の資源共同管理を考える』（新曜社，2001年）1頁以下。

(120) 三井昭二「森林から見るコモンズと流域 ── その歴史と現代的展望」環境社会学研究44巻1号42頁以下（1997年），加藤峰夫＝倉澤資成「環境保全的視点からの入会制度の評価と再構成」エコノミア46巻4号20頁以下（1996年）。

　　阿部泰隆「環境法（学）の（期待される）未来像」大塚直＝北村喜宣編『環境法学の挑戦』（日本評論社，2002年）377頁は，環境共有の法システムを実定法化し，環境は共有物と定めることにより，営業・財産権からの妨害がなくなり，統一的なルールを作ることが容易になるとする。

の利用権を承認することは，公共性を帯びた私有財産として行政による所有者への経済的，技術的支援を正当化しうることにもつながると考えられる。

　今後，個人が関与する民事手続と行政機関が関与する手続を，それぞれ排他的なものと考えるのではなく，両者を組み合わせた手続きの構築[122]により自然資源の共同管理を行うことができる法システムの構築について，引き続き検討が進められなければならない。

（2）地区計画制度の改革
ア．地区計画制度の趣旨と課題

　地区計画制度は，私人の開発行為又は建築行為を規制誘導するため，地区を単位として土地利用，建築物規制，地区施設を一体的総合的に定める都市計画であり（法12条の5第1項），市町村が定める（法15条1項）。この制度は開発許可制度及び建築確認制度を補完し，地区レベルでの良好な環境の整備，保全を行うことを目的として，旧西ドイツの地区詳細計画（Bプラン）[123]を参照して1980年の改正により導入されたものであるが，従来の都市計画の体系を変更することなく，新しい類型として並列的に追加されたものである[124]。

　地区計画が定められるのは，(1)用途地域が定められている区域（法12条の5第1項1号），または(2)用途地域が定められていない区域のうち，市街地開発事業等と併用可能な区域（同2号イ），不良な街区が形成されるおそれがある区域（同2号ロ），良好な居住環境その他優れた街区の環境が形成されている区域（同2号ハ）とされている。決定手続きについては，市町村が作成した原案について区域内の土地所有者等の意見を求めて地区計画案とし（法16条2項），公告・縦覧（法17条1項）を経て，市町村都市計画審議会の議を経て，都市計画として決定される（法19条1項）。なお，2000年改正により，市町村は，条例において，住民又は利害関係人から地区計画案の内容となるべき事項を申し出る方法を定めることができることとされた（法16条3項）。

　地区計画には，道路，公園その他の政令で定める施設（地区施設）及び建築物

---

(121) 2003年制定の「千葉県里山の保全，整備及び活用の促進に関する条例」は，人里近くの樹林地等を「里山」と定義した上，土地所有者等と里山活動団体が締結した維持管理協定を知事が認定する制度を設けており，認定を受けた活動に対しては，県費助成措置がある。

(122) 山本隆司「私法と公法の〈協働〉の様相」法社会学66号（2007年）29頁。

(123) ドイツの地区詳細計画制度については，ヴィンフリート・ブローム，大橋洋一『都市計画法の比較研究 —— 日独比較を中心として』（日本評論社，1995年）85頁以下参照。

(124) 山下淳「地区計画の法的性質」『行政法の争点（新版）』（1990年）296頁。

等の整備・土地の利用に関する計画（地区整備計画）が定められる（法12条の5第2項1号）が，地区計画の区域の全部又は一部について地区整備計画を定めることができない特別の事情があるときは，地区整備計画を定めることを要しない（法12条の5第8項）。地区計画の決定があり，これが告示されると，地区整備計画が定められている地区計画の区域内では，次のような規制の効果が生じる。①土地の区画形質の変更，建築物の建築等を行おうとする者は工事の30日前までに市町村長への届出が義務付けられ（法58条の2第1項），届出に係る行為が地区計画に適合しない場合，市町村長は設計の変更等の勧告（同条3項）やあっせん等の措置（同条4項）を講ずることができる。②開発許可を要する行為については，開発許可の際に地区計画の内容との整合性が審査される（法33条1項5号），③市町村は，建築物の敷地，構造，用途に関する事項を条例で規制することができ，それらの事項は建築確認の対象となる（建基法68条の2），④道路位置指定は原則として原則として道路に関する地区計画に即して行う（建基法68条の6），⑤予定道路の指定は，地区計画に即して行うことができる（建基法68条の7）。このように，地区計画の拘束力は，開発許可制度及び建築確認制度とリンクすることで強い規制を及ぼし，そうでない場合には，届出・勧告という行政指導型の規制手段にとどまるものである。その後，1988年の都市再開発法改正に伴う再開発地区計画（1990年に再開発等促進区地区計画に改正）の新設に始まる，用途規制や容積率などの規制を緩和して企業を主体とする再開発を促進する方向の地区計画制度が導入された他，関係法の改正により1997年に防災街区整備地区計画，2008年には歴史的風致維持向上計画が導入されている。再開発等促進区のような規制緩和型の地区計画の場合，従来の市街地像を一変させる大規模開発が，開発事業者の構想に従って行われるため，事業者の原案作成の段階で第三者である住民の諸利益が適正に考慮されるような制度の必要性が指摘されている[125]。

　地区計画制度は，この30年間で分化して複雑化しており，制度設計としての一貫性や合理性に欠けるものとなってしまっている一方，スプロール市街地などの問題に対してはほとんど実効性がないことが指摘されている[126]。また，地区計画の運用実態については，大都市部では，近年は主要駅周辺等の市街地開発や土地区画整理事業などに伴って策定されるものが大半で，近年，都市郊外において発生している空き家問題等の「都市縮小」や「逆都市化」といった新たな課題へ

---

(125) 野田崇「都市計画における協議方式」芝池義一＝見上崇洋＝曽和俊文編著『まちづくり・環境行政の法的課題』（日本評論社，2007年）127頁，137頁。

(126) 日端康雄「地区計画制度の導入」新都市64号（2010年）17頁。

の対応ができているわけではないこと，地区計画申し出制度の活用に際して活動が期待された，まちづくり NPO はテーマ型のものが多く，地域全体のまちづくりに目配りするものはごく少数であったこと，制度創設当初に比べて自治体職員のモチベーションが低下してきていることなどの課題がみられる[127]。

地区計画制度は「「計画なきところ開発なし」の理念に向かって一歩大きくふみ出すための現実的な制度」[128]として導入されたものとされている。しかし，モデルとしたドイツの地区詳細制度とは異なり，建築の自由の原則の否定というシステムなくして導入されたため，地区計画が定められることによって規制が厳しくなり，建築可能性が縮小して土地所有者にとって新たな負担となる[129]こと，市町村に計画策定義務がなく，導入は任意であることから，反対者の説得や利害調整は地区住民の負担で行わなければならないこと[130]などの要因のため，汎用的な制度とはなっていない。また行政側としても，住民の合意に基づく計画の策定，建築条例による制限内容の設定などを自主的に行うだけの技術や財源などが必要となるため，政令指定市など大規模自治体を中心に運用される制度となっている[131]。

今後の制度のあり方については，既存の都市計画体系を変更することなく，並列的に追加された現在の地区計画の制度を換骨奪胎して，エコロジーの視点に立った地区詳細計画制度の創設[132]の必要性を指摘する見解がある。今後，建築基準法の集団規定と地区計画制度を発展的に統合させて，農地や森林の多面的機能の保全もあわせて図りうるような全市的な計画体系を創設すること，市町村に地区計画の策定を義務付けること[133]などを内容とする抜本的な制度改革を図っていくべきであり，計画適合命令，是正命令などによる強制力をもった手法の導

---

(127) 伊藤久雄「都市計画提案制度と地区計画申し出制度の現状と課題 ―― 人口減少，都市縮小時代における都市計画のあり方に関する一考察」自治総研445号（2015年）46頁。
(128) 高橋進「「地区計画」新立法の概要」ジュリ722号（1980年）156頁。
(129) 藤田宙靖『西ドイツの土地法と日本の土地法』（創文社，1988年）285頁～286頁。
(130) 長谷川貴陽史「建築協定と地区計画」原田編・前掲注(61)439頁は，市町村に地区計画の策定義務がないために，住民側に計画倒れのリスクを全面的に転嫁していること，合意形成が長期化している間の開発によって住環境が悪化するおそれがあることが問題としている。
(131) 内海麻利「日本の地区計画の実態と課題」土地総合研究2014年秋号（2014年）129頁。
(132) 水口俊典「都市計画法改正の限界と環境土地利用計画の課題」住宅問題研究17巻1号（2001年）15頁。
(133) 長谷川・前掲注(130)440頁は，地区計画の策定を義務付ける方向へ制度全体を改革していくこと，市町村の権限で策定予定区域を指定し，一定期間，区域内の開発を抑制するしくみを創設することなどを提言している。

入(134)なども検討課題である。また，用途地域が定められていない土地の区域に
おいても，市町村が必要と認める区域については地区計画を定めることができる
こととすること（法12条の5第1項2号），市町村が条例で定める区域においては
開発許可のスソ切りを廃止し，地区計画の策定を条件として開発許可を行うこと
ができることとすることなど，土地利用コントロールと地区計画をできるだけリ
ンクさせる仕組みの導入について検討の余地がある。

　イ．地区計画決定の処分性
　地区計画決定の処分性については，最判平成6・4・22判時1499号63頁は，区
域内の個人の権利義務に対して具体的な変動を与えるという法律上の効果を伴う
ものではないことを理由にこれを否定しており，下級審判決では，東京地判平成
20・12・19判タ1296号155頁，横浜地判平成20・12・24判自332号76頁，東京地判
平成24・4・27裁判所ウェブサイト（控訴審の東京高判平成24・9・27裁判所ウェ
ブサイトも控訴棄却）(135)も，同最判と同様の趣旨で地区計画についての都市計画
決定及び変更決定の処分性を否定している。これらの判決は，用途地域の指定に
ついて，法令と同様の不特定多数の者に対する一般的抽象的効果にすぎないとし
て処分性を否定した最判昭和57・4・22判時1043号41頁と同様の立場である。こ
の点，計画決定の定めるところに従って後続する事業が進められる非完結型計画
とは異なり，完結型計画については，土地区画整理事業計画の処分性を認めた最
大判平成20・9・10民集62巻8号2029頁の射程が及ばないことが前提とされてお
り(136)，後続の事業認可や建築確認を争うことで権利救済が果たされるものと解
されている。しかしながら，地区計画の場合，地区整備計画を定めた地区計画が
決定されることによって，建築確認，道路位置指定，予定道路の指定や開発許可
基準と連動する仕組みとなっていることから（建基法68条の2・68条の6・68条の
7，都計法33条1項5号），建築確認や開発許可といった後続処分を待つまでもな

---

(134) 成田・前掲注(66)216～217頁は，届出・勧告制という非権力的規制方式を漸次強化し，
　　計画適合性の改善命令，地区計画に適合した建築物の建築命令，地区施設用地の収用・
　　先買権などの導入が検討されるべきとしている。
(135) 富田裕「周辺住民による再開発等促進区を定める地区計画取消訴訟の考察」自研88巻
　　9号（2012年）87頁，90頁及び同「再開発等促進区を定める地区計画の処分性，周辺住
　　民の原告適格の再考 ── 中野四丁目地区地区計画取消訴訟を題材として」都市住宅学91
　　号（2015年）63頁は，再開発等促進区を定める地区計画に基づく建築制限条例制定行為
　　の処分性を否定した東京地判平成24.4.27裁判所ウェブサイトについて，地区計画の策定
　　段階で周辺住民が受ける日陰被害等の内容，程度が明確であれば当該地区計画に処分性
　　が認められるべきことを指摘する。同判決の評釈として，友岡史仁「判批」法セ696号（2013
　　年）131頁参照。

く，特定された街区内における開発行為や建築行為などの土地利用に対し具体的な制約を及ぼす法効果[137]を有していると考えることも可能であり，むしろ不特定多数者を対象とした一般処分に類似している。地区計画制度の趣旨は「比較的規模の小さな街区を単位」として，「道路・公園等の地区施設の配置・規模に関する事項，建築物の形態・敷地に関する事項，土地の利用の制限に関する事項を一体的総合的に都市計画として定め，これに基づき開発行為，建築行為等を誘導・規制することにより，良好な市街地の形成・保全を図ろうとする」，「地区レベルでのきめ細かいよりよい街づくりを目指そうとするもの」[138]であることにかんがみるならば，区域内の住民の良好な居住環境を具体的権利として保護する性質のものであることは否定できない[139]。したがって，再開発等促進区（都計法12条の5第3項・13条1項14号ロ）のように土地の高度利用のため再開発を進める目的で定められる地区計画の場合，容積率制限，建ぺい率制限，高さ制限などが緩和（建基法68条の3）されることによって，それまで居住者が地域的共同空間において享受してきた一定の利益水準が確実に低下し，周辺の低層住宅の良好な住環境や土地利用に具体的な悪影響が及ぶ可能性があることから，早期の権利救済の見地からも地区計画の決定・変更の段階で処分性を認めて抗告訴訟で争うことができるものと解すべきである[140]。計画に処分性を認める場合，都市計画の広範な裁量性，政策判断における専門性，多数当事者の存在などにかんがみ，裁決主義による取消訴訟の導入が適切とする見解が示されている[141]。

----

(136) 藤原淳一郎「判批」判時1521号186頁（判評435号24頁）は，完結型の「計画」にこそ救済の観点から早期の救済の必要性があること，地区計画は，単なる用途地域と事業型計画との中間的性格の都市計画制限を，地区整備計画において道路予定地とされた土地の所有者に対して課しているものとみることができるとする。また，久保茂樹「土地利用計画のシステムと法的性質」髙木光＝宇賀克也編『ジュリスト増刊 新・法律学の争点シリーズ8　行政法の争点』（有斐閣，2014年）261頁は，選択された規制枠組みの中で住民の活動基盤，生活基盤をなす都市空間が形成されていく土地利用計画の場合，早い段階で空間選択に関する不服を争わせた方が合理的としている。

(137) 大橋・前掲注(76)24頁は，地区計画の詳細度，近隣に対する規制の具体性などから見て，処分性を肯定する余地が残されているとする。また，亘理格「判批」民商113巻3号（1995年）は，地区計画に係る建築条例が定められた場合，建築規制が細街路網や小公園等の整備と一体化した形で詳細に定められるため，建築条例の制定の時点で処分性が肯定される可能性があることを指摘する。

(138) 福田秀文「地区計画制度の創設 —— 都市計画法及び建築基準法の一部改正」自研56巻7号（1980年）47頁。

(139) 武田真一郎「判批」ジュリ臨時増刊1068号（平成6年度重要判例解説）（1995年）35頁は，都市計画法が当該用途地域に応じた居住環境や土地利用を具体的な権利として保護していると解することができれば，用途地域の変更や建築制限を伴う都市計画決定は処分性を有すると考えることも可能とする。

［行政法研究　第22号（2018. 1）］

　都市計画決定段階で新たな都市計画争訟制度を創設することについては論稿が公表されており，都市計画決定を処分とみなして不服審査の対象とし，裁決に対してのみ取消訴訟を認める裁決主義モデル，都市計画の違法性を判決により確認し，判決の拘束力により都市計画の手続をやり直すよう義務付ける違法確認訴訟モデルの２つの類型が示されている(142)。一方，都市計画訴訟を客観訴訟と位置付け，手続的参加権をもつ住民に出訴権を付与する方策も提言されている(143)。実効的な争訟制度の詳細な制度設計については別稿に譲ることとしたい。

（3）自治体職員の専門性の向上

　2000年の地方分権改革以前の，都市計画に関する事務が機関委任事務とされていた当時は，自治体は国が立案した施策を通達に基づいて国の機関として忠実に執行しる存在にすぎなかった。しかし，自治体が都市計画に関する様々な権限の受け皿となり，都市縮退に伴う新たな政策課題にも対応しつつ，住民と協働したまちづくりを実現することが求められているこれからの時代は，行政機関の能力向上が不可欠である。しかし，とりわけ市町村レベルでは都市計画に関する専門知識と技術を保有する職員が不足している。このため，首長や議会も含めて開発と人口増加のための施策を志向する自治体において，専門家の立場からボトムアップの提言を行うことは困難である。また，都市計画法改正のたびに多様なメニューが追加されても，これを使いこなすだけの知識経験や実務的訓練が組織的に蓄積されているのは，政令指定市や中核市など，ある程度の規模の市に限られているのが実情である。このため，研究者等から都市計画法の抜本的見直しの提言を行ったとしても，国の側からは「現行制度に問題があるのではなく，制度の活用が不十分なのではないか」との反論を招くことにもなりかねない。

　そもそも自治体職員は，都道府県，市町村を問わず，ゼネラリストとして育成されることが基本とされてきたため，とりわけ事務系職員は，さまざまな部署を３年程度の短期間で異動することが多い。このため，まちづくり NPO など住民

---

(140) 見上崇洋「都市法論における共通利益と行政計画」立命館法学321＝322号（2008年）506頁は，地区計画の規制内容が条例で担保され，事前参加手続きも丁寧にとられていることから，その規制内容は関係者にとって規制されるのみならず保護されていると理解することは容易とする。生田・前掲注(78)200頁は，地区計画に対する異議申し立て制度等の整備の必要性を指摘する。

(141) 西谷剛「都市計画争訟について」新都市60巻９号（2006年）77頁以下。

(142) 大橋洋一「都市計画争訟制度の発展可能性」新都市63巻８号（2009年）90頁以下，同「都市計画の法的性格」自研86巻８号（2010年）３頁。

(143) 久保茂樹「都市計画と行政訴訟」芝池＝見上＝曽和・前掲注(125)95頁。

側にとっては，せっかく信頼関係を築いた職員がすぐに異動になることの繰り返しとなってしまうことも問題である。しかし，地方分権の進展に伴い職員には政策形成に関する専門的知識・能力が求められており，社会の実態を調査して理論的な分析を行い，政策形成につなげていくことのできるスペシャリストの養成が急務であることはいうまでもない。このためには，人事異動のローテーションを長くし，個々人の適性や意欲を勘案して，専門職能分野の能力を拡充させるなど職員のキャリア・デベロップメントを重視した人事システムを導入すべきである。また，特定の職務についての専門能力や経験を持った職員を活用できる専門職的ポストを組織ニーズに応じて，柔軟に設置し，特定の分野のエキスパートと認定された職員をスタッフ専門職として処遇すること，職員の大学院派遣による研修，先進自治体からの職員派遣要請（地方自治法252条の17第1項），研究者や都市計画プランナーなどの特定任期付職員（地方公共団体の一般職の任期付職員の採用に関する法律3条1項）としての任用なども積極的に行う[144]など，都市計画のプロフェッションたる人材[145]の育成を主眼とした人事政策が必要不可欠である。また，自然生態系や土地特性を理解してマスタープランを設計できる技術系職員の採用と養成を進めていくことも課題である。

2 総合的土地利用計画制度の導入

（1）市町村単位の土地利用計画

土地利用計画を考える場合，地域の住民意思に立脚した，あるべき都市環境像[146]，目標とすべき地域像との適合[147]という視点が不可欠である。とりわけ今後は，人口減少社会の到来に伴い住宅用地や商業用地など人工的土地利用の必要性は減少することから，自然環境の保全と再生を主体とした土地利用転換のための都市政策について社会的合意が形成されなければならない。たとえば計画白

---

(144) 三好規正「スペシャリスト職員育成に向けた人事システム」地方自治職員研修50巻7号（2017年）13頁，同「自治体職員の能力開発のための人事システムと地方公務員制度」（山梨学院大学）法学論集64号（2010年）27頁。

(145) 瀬田史彦「都市計画制度の変遷と今後の課題――変わったこと，変わらないこと」地域開発528号（2008年）55頁は，日本の行政において都市計画という業務は，手続きにしか過ぎず，プランナーという職能が存在しないことを指摘する。
　　松本昭「地方自治体都市計画からみた制度改正の論点」都市計画272号（2008年）30頁は，都市計画の専門知識を有する都市計画主事を国家資格として法定化し，一定規模以上の自治体に複数置くことを提言する。

(146) 磯部力「都市の環境管理計画と行政法の現代的条件」高柳信一先生古稀記念論集『行政法学の現状分析』（勁草書房，1991年）337頁。

(147) 大橋・前掲注(76)24頁。

［行政法研究　第22号（2018．1）］

地地域においては，自然景観や生物多様性の維持に不可欠な里山，農地等の多面的機能を保全するため，都市の縮退によって発生が見込まれる空地や管理放棄地などを防災や水と緑の保全のためのオープンスペースとして活用することが望ましい。平常時には日常生活や生産活動を支え，災害時には津波・洪水の減衰・湛水機能を発揮して避難路・避難地としても機能しうる複合的な用途・機能を備えたレジリエンス（自然災害に対する回復力）のある土地利用計画が必要なのである。このような多面的な機能を担う植生や土地とそれらのネットワークをグリーンインフラストラクチャー（GI）といい，既に欧米諸国の自治体における街づくりに活用されており，わが国の場合，水田は，生産地であると同時に遊水地として複合的な機能を有する土地の典型とされる[148]。前述のように里山，農地といった二次的自然については私有財産を越えた地域的環境資源であり，これらを含めた自然環境が流域のネットワークにより保全されることは，自然災害の発生抑制，生活環境の維持など生活の質を高める意味でも意義を有している。この点については，都市計画区域外も含めた田園的な郊外・農村部・森林等で無秩序な都市的利用が進行するのは，単に「無秩序な」開発だけでなく，「開発そのもの」を抑止するにはどうしたらよいのか，という方向でものを考えない（むしろ考えようとしない[149]）ことによるとの指摘がなされている。そこで，都市縮退を前提とした都市計画法制においては，樹林地や農地について環境空間としての法制度上の位置付けを明確化するとともに，農業，森林など自然的土地利用の継続を前提とした土地利用計画に基づいて許認可等を行うようにできるように見直しを行うべきである。

　スプロール的開発を抑制しつつ，開発を既存の集落等と関係付けて，ある程度まとまった形に誘導していく分散的集中型立地[150]を進めるためには，基礎的自治体である市町村に対し，都市域及び農山村域を通じた総合的視点から自律的に土地利用計画を決定する権限[151]を付与し，都市空間の現状変更行為について，市町村による総合的管理の枠組みの下で，統一的判断を可能とする法的仕組みが必要となる[152]。そこで，現行の市町村マスタープランに替えて，市町村全域の

---

(148) 木下剛＝芮京禄「レジリエントな地域社会の形成とグリーンインフラストラクチャーの意義」都市計画306号（2013年）38頁以下。

(149) 原田純孝「都市計画制度の改正と日本都市法のゆくえ」原田編・前掲注(61)495頁。

(150) 姫浦道生＝和多治「郊外部及び広域的土地利用コントロールから見た制度改正の課題」都市計画272号（2008年）35頁は，既成市街地や集落の外では原則として開発を禁止し，開発を行う際には自治体レベルや地区レベルの計画への位置づけを必要とすることにより分散型集中立地が達成されるとする。

地域特性を踏まえた「市町村総合空間利用計画」（仮称）を市町村が所定の住民参加手続きを経て策定することとすべきである。国土利用計画法の市町村計画（8条）を組み替えて発展的に統合することも考えられる。これは，住民意思が適正に反映された地域のマスタープランとしての総合的土地利用計画の策定であり，土地利用相互の価値序列を予め決定しておくことによって大規模な土地利用転換に対する計画コントロールの仕組みを構築することにつながる。また，現行の市街化区域・市街化調整区域からなる区域区分を見直し，計画許可の判断基準としての土地利用区分として，市町村全域を「都市区域」，「農山村区域」及び「多目的区域」の三区分に再編することが考えられる。都市区域については今後10年以内の人口減少予測に基づき，既存市街地を中心に都市内公共交通で移動可能なコンパクトシティを形成しうる範囲とし，交通計画も含めた内容とする。農山村区域については現行の市街化調整区域よりも開発を抑制し，原則として開発を禁止するエリアであり，現況主義により優良農地・森林の保護と生態系保全を図る区域，多目的区域は，都市郊外部の都市的土地利用と農村的土地利用が混在した複合多目的な区域であり，主として条例の定めるところにより地域の自然的，社会的条件に応じて土地利用方針を定めることができるものとする。そして，これらの区域内における開発行為や建築行為の全てについて，まず「市町村総合空間利用計画」及び下位計画である「地区詳細計画」への適合性を審査した上で，個別法に基づく申請に対する許否を判断できる仕組みとするべきである(153)。さらに，都市郊外の農地や森林と都市計画との融合を図るため，現行の12種類の用途地域（都市計画法9条1項～12項）に加え，農林地に係る用途地域を新設し，固定資産税の減免など税制優遇措置と一体となった土地利用規制を図ることが適切である。また，河川とその沿川区域に着目し，河川空間が都市の魅力的な空間とする

---

(151) 亘理格「計画的土地利用原則確立の意味と展望」稲葉馨＝亘理格編 藤田宙靖博士東北大学退職記念『行政法の思考様式』（青林書院，2008年）621頁は，市町村の計画自治権の保障の必要性を指摘する。同「総合的土地利用計画制度の立法化構想」地域開発477号（2004年）22頁以下は，土地は住民，自治権と並ぶ地方自治の遂行に不可欠な空間的資源であり，とりわけ，基礎的地方公共団体である市町村は都市空間の総合的管理主体として，都市計画法だけでなく，地方自治法上も明確に位置付けられるべきであると指摘する。

(152) 磯部力「公物管理から環境管理へ──現代行政法における「管理」の概念をめぐる一考察」成田頼明先生退官記念『国際化時代の行政と法』（良書普及会，1993年）57頁は，自治体は水，大気，土地なども含めた「環境管理」の主体であるべきとする。

(153) 小林重敬「総合的な土地利用秩序の実現と計画体系のあり方 計画体系と計画調整」前掲注(68)藤田＝磯部＝小林編258頁は，「計画適合」の仕組みを取り入れた土地利用調整条例の必要性を指摘する。

ため，都市計画区域内に一級河川又は二級河川があるときは，河川区域から市町村の条例で定める一定の範囲を「沿川地区」として地域地区に指定し，遊水機能の保持や河川景観に支障を及ぼす行為を条例で制限することができることとすべきである[154]。当該区域は，超過洪水発生時の遊水区域や都市におけるアメニティ空間として多目的な活用が想定される。現在の法制度では河川行政と都市計画行政は，同じ国土交通省所管でありながら，完全な縦割りとなっており，河川管理者と市町村や都道府県の都市計画担当部局相互との連絡調整はあまり行われていないのが実情であるが，同一都市内を貫流する河川と都市計画とが没交渉では実効的な都市計画の実現は困難である。

（2）広域的土地利用計画

都道府県レベルの広域的計画については，前記市町村総合空間利用計画の補完的計画として都市計画区域マスタープランの再編を図り，現行のような都市計画区域にとどまらず，都道府県全域における土地利用計画として都市計画マスタープラン制度を位置付けるべきである。とりわけ地域空間管理の総合性の観点からは「地域」全体を総合的に計画対象とすることが重要である[155]。このようなことから，市町村の区域を越える複数の圏域ごとの広域的な土地利用構想・方針や広域環境，防災などの視点も含めたものとして，全県的な土地利用規制や誘導に活用することが適切である。また，都道府県内の土地情報の提供については広域的地方公共団体である都道府県に期待される機能の1つであり，既に多くの市町村で公表されているハザードマップだけでなく，宅地化前の過去の地形，地質や被害実績の情報を収集し，土地特性図として公表することも検討すべきである。この場合，国土地理院作成の土地条件図や治水地形分類図，過去に国土地理院や旧参謀本部陸地測量部が作成した旧版地形図などを活用したマッピングにより洪水危険箇所等を把握することも可能であり，これをベースとして土地利用と開発の適否を判断する仕組みをルール化すべきである[156]。

広域的な土地利用計画の策定に際して着目すべき要素として「流域」の概念が挙げられる。水は，分水嶺により区切られた集水域である流域を単位として，民

---

(154) 三好規正『流域管理の法政策 ―― 健全な水循環と統合的流域管理の実現に向けて』(慈学社，2007年) 130頁。

(155) 角松生史「地域空間管理とは」『〔分権型社会を創る⑨〕分権改革と地域空間管理』(ぎょうせい，2000年) 9頁。

(156) 青山・前掲注(82)26頁は，旧版地形図や治水地形分類図や土地条件図，過去に撮影された航空写真などを活用して，地域における土地の履歴に対する理解を深めることが，自然災害に対するリスク軽減につながるとしている。

有地，公有地を問わず，また，地表と地下を区別することなく循環しており，人間の生活圏は古来，流域を単位として形成され，流域内の市町村は，自然的，社会的，歴史的に密接な関連を有していることが多い。流域は水を媒介として自然のもたらす災害についても，恵沢についても相互に影響し合う運命共同体であり，流域圏の土地の自然特性を踏まえて現行の縦割法制を流域レベルで「統合」することが不可欠なのである。現在及び将来にわたり自然生態系と共生する持続的な社会(157)を実現するためには，市町村の境界を越え，上流域の森林から中流域の農村，下流域の都市を経て海域に至る河川を軸とした流域環境圏単位の土地利用の総合的・一元的管理の実現が必要であり(158)，都市計画区域についても流域を基本として決定されることが望ましい。したがって，都市計画区域マスタープランについては，流域を単位として都市とその周辺の農村地帯を含めた「都市農村計画」として，都市的土地利用と農村的土地利用を一元的にコントロールできるようにすることが考えられる。都道府県及び関係流域内の市町村で構成する広域連合(159)（地自法284条。以下，「流域連合」と仮称）を組織化し，流域特性に適合した都市政策を実施することも検討すべきである。このような一元的都市農村計画の構築については，国交省，農水省という関係省庁間の縦割行政が大きなネックとなるが，流域特性に応じた多元的な政策を住民，NPOなど多様な主体と行政が情報を共有しつつ決定するシステム（流域ガバナンス）(160)の構築が図られなければならない。

3　都市計画策定手続きのあり方

（1）計画策定手続

　西谷剛によると，計画策定手続は，①直接利害調整手続（利害関係人の意見申出，公聴会など），②間接利害調整手続（国の行政機関相互間協議，国と地方公共団体協議，地方公共団体間協議），③客観性・科学性確保手続（審議会付議，調査など），④情

---

(157)　日本弁護士連合会は，2007年11月に「持続可能な都市をめざして都市法制の抜本的な改革を求める決議」を採択している。

(158)　三好規正「持続的な流域管理法制の考察 —— 公物管理法制，土地利用規制及び住民協働の視点から」髙木＝交告＝占部＝北村＝中川編・前掲注(83)443頁。

(159)　広域連合については，2010年12月1日，7府県による関西広域連合が設置され，将来的には国の出先機関の権限委譲により，港湾，国道，河川の一体的な管理等を実施することも想定されている。国と地方の適切な役割分担を踏まえ，国の出先機関の統廃合と合わせた権限委譲のあり方が検討されるべきである。

(160)　水循環の概念を基礎とした流域管理の理論と制度については，櫻井敬子「水法の現代的課題」塩野古稀・前掲注(103)719頁以下，三好・前掲注(154)12頁以下参照。

報提供手続（理由付記，説明会，縦覧，公示，通知など）に分類することができる[161]。このうち，①については，都市計画のように規制効をもつ物的計画（拘束的計画）について参加手続きが規定されていることが多い。参加の方法としては，ア．縦覧された計画案に対する意見提出，イ．公聴会への参加，ウ．案への個別的同意，エ．案の作成について要請，オ．自ら案を作成して公的承認を得る方法，が挙げられている。

都市計画法，建築基準法に基づく計画に関しては，アについて，都市計画案の縦覧及び住民及び利害関係人からの意見書提出（17条1項・2項）があり，イについて，任意的な公聴会の開催（16条1項），ウについて，特定街区に関する都市計画における関係権利者の同意（17条3項），エについて土地所有者，特定非営利活動法人，公益法人等による計画提案（21条の2〜21条の5），オについて，建築協定（建基法69条）などの例がある。また，基本計画と実施計画のように計画に階層がある場合，各段階で参加を可能とするように考慮することが原則であり，提出意見の取り扱いについては，それに対する計画主体の見解が明らかになるような措置を講じなければならないといった規定を置くことの必要性が指摘されている[162]。とりわけ，計画策定過程は，利害調整過程であり，客観的な立場から対立する多様な意見を調整するシステム，対立意見を緩和し，妥協に導くための措置についても制度設計にあたって考慮される必要がある[163]。

都市計画決定に関する現行の住民参加制度の課題として，公聴会の開催は任意である上，ほとんど言いっぱなしであり，縦覧後の提出意見については，都道府県または市町村の都市計画審議会（法18条1項・2項，19条1項・2項）で要旨が報告されることになってはいるものの，意見に対する行政側の対応義務が課されていないため，都市計画審議会での審議の程度，検討結果や講じられた措置が全く明らかにされないといった問題点がある[164]。また，都市計画の提案についても，住民が対象地域内の地権者の特定が困難であること，3分の2の同意要件のハードルが高く，地権者に利益が生じる場合でなければ，同意がとれないという実態があることから，提案事例の多くは開発事業者が規制緩和の手段として活用したものとなっていることが指摘されている[165]。わが国においては，住民の意

---

(161) 西谷剛『実定行政計画法 —— プランニングと法』（有斐閣，2003年）133頁。
(162) 西谷・前掲注(161)138頁，140頁。
(163) 西谷・前掲注(161)141頁。
(164) 荒秀『開発行政法』（ぎょうせい，1975年）272頁。荒は，行政内容が専門化し裁量の幅が広められて司法統制も及びにくくなりつつあることを考えると，住民参加の必要性についてはもはや議論の余地はなく，参加の形式が問題となっていると指摘している。

3 都市縮退時代における都市計画法制の転換〔三好　規正〕

思を投影した計画の策定とそれに基づく事業の実施という過程そのものが未形成
なのである。

（2）都市計画策定過程と住民参加のあり方

都市計画の分野で既に定着している「まちづくり」という言葉は，地域社会の
あり方を，社会資本整備などのハード面だけでなく，景観やまちの雰囲気や生活
の質といったソフト面も含めて考えていくというニュアンスがあるとされ[166]，
「まちづくり」行政は，住民にとって住みやすい快適な「まち」の形成を目的と
して行われる[167]ものである。このためには，将来の都市像[168]も含めた中長期
的ビジョンを共有し，社会的合意を形成することが必要であり，行政だけでなく，
住民，事業者など多様な主体が構想初期の段階から計画策定過程に協働的に参加
するガバナンス（「共治」）[169]の仕組みが確立されなければならない。これは，公
的主体が住民を統治するガバメント（「統治」）ではなく，政策立案，実施，評価
という一連のサイクルにおいて，政府・自治体という公的主体に加え，住民，
NPO，事業者など多様な主体が相互に補完し合い，政策的課題の解決を図る仕
組みである。この場合，地域住民は，土地所有権の有無にかかわらず，個人的利
害を超えた持続的な都市環境（＝公益）の担い手として計画策定過程への手続的
参加[170]を保障されなければならない。そして，何よりも計画策定過程における
合理的な意思決定を担保するためには，多数の住民が，私的利害を越えた都市計
画策定過程に実質的に参加できる機会と場を確保し，目指すべき地域像を行政主

---

(165) 国土交通政策研究・前掲注(63)(周藤執筆) 28頁。
(166) 見上・前掲注(28) 2 ～ 3 頁。
(167) 曽和俊文「まちづくりと行政の関与」芝池＝見上＝曽和・前掲注(125)24頁。
(168) 角松生史「都市計画の構造転換と市民参加」新世代法政策学研究15号（2012年）25頁。
　　　～26頁は，理念的・抽象的都市像と地域の決定とを連接させるような議論の必要性を指
　　　摘する。
(169) 「ガバナンス」は多義的な概念であるが，近年の行政学において用いられているガバ
　　　ナンスの意義については，中邨章「「ガバナンス」の概念と「市民社会」」月刊自治研43
　　　巻 7 号（2001年）14頁，宮川公男「ガバナンスとは」宮川公男＝山本清編『パブリック・
　　　ガバナンス』（日本経済評論社，2002年）15頁など参照。また，大久保規子「環境ガバナ
　　　ンスとローカル・ルールの形成」都市計画283号（2010年）23頁は，環境サスティナビリ
　　　ティの実現を目標とし，行政，市民，NPO，事業者，専門家等，多様な主体の参加と協
　　　働によって形成される社会の環境管理機能や仕組みを「環境ガバナンス」と呼んでいる。
(170) このような協働を山本隆司「日本における公私協働」稲葉＝亘理・前掲注(151)189頁
　　　は，「決定の前段階における協働」に分類する。また，大久保規子「協働の進展と行政法
　　　学の課題」『行政法の新構想Ⅰ 行政法の基礎理論』（有斐閣，2011年）242頁は，参加と
　　　協働の基礎となる実体的・手続的権利の未成熟を指摘する。

107

［行政法研究 第22号（2018. 1）］

体と協働的に考えることを通じて，市民自らも公共性を担う存在であるとの認識[171]をもつことが重要である。

また，前述のエコ・コンパクトシティの政策理念を実現するための集約型都市構造化を進めていくためには，これまでの国主導の「大きな公共性」を前提とした都市法制から，自治体と住民，NPO など市民主体の「小さな公共性」[172]からなる都市法制への転換を図ることも不可欠となる。国が定めた全国統一ルールに基づいて都市における開発圧力を抑制したり，都市計画事業を実施する場合とは異なり，空き家問題や空き地問題など人口減少によって既存の都市域に発生する課題に対処するための全国一律の最適解は存在せず，地権者だけでなく居住者・生活者としての住民と基礎的自治体である市町村との間で社会的合意を形成することによって地域特性を踏まえた都市政策をつくりあげていくことが前提となるからである。そもそも公共性とは，行政計画自体に本質的に公共性が内在しているわけではなく，計画を立案する行政主体が住民との間で利害調整手続を経て合意形成がなされた結果，住民意思の総意としての公共性が生まれる[173]と考えるべきものである。とりわけ，都市の将来像を含む計画のようなものは，行政機関が一元的に確定することは困難であり，初期の構想段階からさまざまな意見をもつ者が議論して社会的合意を得た上で策定されるべきものである。都市計画やまちづくりの過程は，多主体による公開討論と意思疎通の場（フォーラム），意向調整と政策決定の場（アリーナ），決定された政策の妥当性を問い直す司法の場（コー

---

(171) 寺尾美子「都市基盤整備にみるわが国近代法の限界 ── 土地の公共性認識主体としての公衆の不在」『岩波講座 現代の法9 都市と法』（岩波書店，1999年）139頁。

(172) 吉田克己「都市法の近時の改正動向と公共性の再構成」法時84巻2号（2012年）64頁。生田・前掲注(107)12頁～14頁は，都市計画法の枠組み法化によって「小公共」が条例によって顕在化することを指摘する。

(173) 遠藤博也「行政過程における公共の福祉」ジュリ447号（1970年）46頁は，現代行政の目的とする公共性の如何は，計画の合理性によって判断され，合理性を担保するには，一般市民の行政過程への積極的な参加が不可欠であると指摘する。

　　原田純孝「今日の都市開発と現代都市法の論理 ── 比較による問題把握の基本的視点」法時61巻1号（1989年）12頁は，西欧諸国の都市法制が，厳格な手続上の諸原則を含む詳細な法律規定と計画や事業決定の妥当性に対する批判・争訟可能性がそれなりに開かれているのは，「"官"が作った計画は，それが「計画」であるが故に"公共性"をもつのではなく，都市法の理念・目的に照らした妥当性と，種々の利害調整手続を経たのちの住民意思の発現（公衆の"総意"）たる性格をもつことによって，はじめて"パブリックな正統性"を獲得する」，という思想の存在をみてとることができると指摘する。

　　佐藤岩夫「都市計画と住民参加 ── 住民参加の観点から見た改正都市計画法の評価と課題」・前掲注(61)407頁は，住民が望ましい土地利用秩序の形成に能動的に関与して，行政の視点と住民の視点が折り合わされていく中で望ましい土地利用秩序（公益）が発見されていくとする。

ト）に区分できるとされており(174)，このような多段階の合意形成過程を経て，一定の価値観が共有され，都市空間が形成されていくことが望ましい。都市計画法は，都市計画案の作成段階での住民意見の反映措置を公聴会の開催に限定しておらず（法16条1項），都市計画原案作成に際して条例に基づく市民会議や懇談会などの検討組織を設置すること，住民からの意見書に対する長からの応答義務を定めることなど，多様な手法をとることが適切である(175)。また，判断形成過程への住民参加においては，住民の意向を広く反映しつつも，最終判断権は行政に留保した適正な判断が担保されることも必要である(176)。

このようなことから，代替案ないし修正案の提出・選択あるいは事業等の中止が可能な段階での政策情報の早期公開と課題の設定を前提に，住民等が行政と協働する合意形成のしくみを法制度化することが適切である。具体的には，ア．計画原案の住民への公表，イ．原案に対する住民意見書（反対提案を含む）の提出，ウ．住民意見を踏まえた行政からの代替案・修正案の再提示（計画に基づく事業そのものを行わないゼロ・オプションを含む)(177)，エ．質問権・反論権を保障した行政主宰の公開審議，オ．都市計画審議会を経て最終案の選択・決定，という協議，合意形成過程を行政手続法(178)及び都市計画法等の各個別法に規定して判断形成過程の法的統制を図るべきである(179)。とりわけ，行政手続法の主要論点の

---

(174) Bryson/Crosby のフォーラム・アリーナ・コート論については，小泉秀樹「コラボラティブ・プランニング――多様な主体による討議と協働による都市計画への転換」都市問題研究59巻1号（2007年）89頁参照。

(175) 西田幸介「計画策定手続と参加」芝池＝見上＝曽和・前掲注(125)179頁。

(176) 阿部泰隆『行政の法システム（下）〔新版〕』（有斐閣，1997年）559頁以下。

(177) 大橋洋一『都市空間制御の法理論』（有斐閣，2008年）299頁以下は，都市計画法の手続きの前段階において，道路計画を「整備しない案」も含めて計画案作成を行った横浜市の事例を挙げ，計画手続改革の重要性を指摘する。また，同『対話型行政法学の創造』（弘文堂，1999年）103頁は，複数の計画案が比較対照されて成案に至った過程とそれまでの対立点を明示する開かれた協議過程の確立が必要とする。

(178) 1983年に行政手続法研究会が公表した「法律案要綱（案)」には，土地利用規制計画策定手続について，①他の行政機関の意見の聴取，②計画案の縦覧，③利害関係人への書面で意見を述べる機会の付与，④意見を申し出た者につき聴聞の実施，⑤決定された計画の理由を付した公表，から成る。また，公共事業実施計画確定手続については，①計画確定裁決庁の関係行政機関との協議及び関係地方公共団体の意見聴取（国の行政庁が計画確定裁決庁となる場合)，②計画案の縦覧，③利害関係人への書面で意見を述べる機会の付与，④意見を申し出た者につき聴聞の実施，⑤決定された計画の理由を付した公表，から成る。行政手続法研究会「行政手続法制定への提案――法律案要綱（案)」ジュリ810号（1984年）53頁以下参照。

(179) 大田直文「まちづくりと住民参加」芝池＝見上＝曽和・前掲注(125)164頁は，まちづくり過程の特殊性から，個別法の整備により住民参加の権利の実現を図ることが適切とする。

うち，現在まで立法化されないまま取り残されているのが，行政計画策定手続であり，今後の検討を進めることが急務である。なお，最大判平成20年９月10日判時2020号18頁の藤田補足意見は計画段階からの合意形成措置について立法的対応の必要性を指摘している。このような計画策定過程を，都市計画区域の整備・開発及び保全の方針（都計法６条の２）や市町村の都市計画に関する基本的な方針（都計法18条の２），さらには都市計画事業の決定段階においても導入し，地域の多様な環境や地形的，社会的，歴史的な特性を反映した「あるべき土地利用」について柔軟に適合性を判断できるよう，動態的で地域裁量的なルールの設定と運用(180)が進められるべきである。

そして，計画策定のための協議組織としては，まちづくり条例などにおいて規定されている「まちづくり協議会」の活用が考えられる。計画主体の行政機関に加え，事業者，まちづくりNPO，地域住民，土地の所有者等を構成員とする「まちづくり協議会」の組織運営のルールなどを都市計画法に規定し，詳細は条例に委任することが考えられる(181)。現行法では都市計画法17条の２に，条例による都市計画決定手続の付加を定めた規定があるが，当該規定を改正して，参加主体や参加手続きを条例で柔軟に定めることができるようにすることが適切である。このような「時間をかけて，ゆっくり話す」過程が法制度化されることにより，計画決定をめぐる事後的な紛争の防止にもつながるものと考えられる。このための手段として，行政主体と住民間の技術的あるいは法的対話を促進するファシリテーター(182)の育成は不可欠であり，住民側からの原案（いわゆる「たたき台」）を作成するためのコンサルタントのあっせんや必要経費の補助といった予算措置を行政側において行うシステムが構築される必要がある(183)。また，ワークショップ方式（参加者に行政担当者も加わった５～６名程度の小グループに分かれ，カードや図面への書き込みや簡単な作業などを通してプランをまとめあげていく方式）(184)の活用も積極的に進めるべきであり，たとえば地域のまちづくりの中にどのように河川，道路や都市公園の存在を位置づけていくかといった，所管する行政の縦割

---

(180) 磯部・前掲注(64)84頁。磯部は，地域の手による地域全体の公益的価値を創造していく取り組みをエリアマネジメントと位置付けている。

(181) 大橋・前掲注(76)25頁は，協議会運営のルールなり，基本構造を都市計画法等の基本的法律に明文化することが重要な課題とする。

(182) 交告尚史「計画策定手続」ジュリ1304号（2006年）71頁は，専門知識を要する事項については，専門家との対話の機会を確保して市民の学習の機会を組み込む必要性を指摘する。

(183) 箕面市まちづくり推進条例33条は，条例で定める地区まちづくり協議会の行うまちづくり活動の支援のための技術的支援やまちづくり計画案作成経費の一部助成を規定する。

りを越えた生活者の視点からの意見交換を可能とすることが求められる。

（3）イギリスの公開審問制度

計画策定手続きの制度設計に関し，参考とすべきものとしてイギリスの計画段階での公開審問の制度がある(185)。イギリスでは，前述のように開発案件ごとに住民参加方法がコミュニティ関与の方針（SCI）において決定され，地域コミュニティにおける中間団体などの関与が認められているほか，各地方計画当局は，独自の手続を付加することができる。また，計画許可申請の決定の際に考慮事項となる開発計画文書（DPDS）については，策定前に主務大臣に送付され，主務大臣によって都市計画の専門家の中から任命された審問官（inspector）による独立審査（independent examination）が行われる。開発計画文書について変更を求める意見表明をした者は，審問官の前で公開の聴聞を受ける機会が与えられる（2004年計画・強制収用法20条6項）(186)。このような手続きを経て，計画の適法性，適切性が審査された後，審問官は地方計画当局に対し，理由と共に勧告を付した，拘束力をもつ報告書を提出し，地方計画当局により開発文書が採択されることとなる。このような地域中間団体や住民との利害調整手続を計画策定手続に組み込んだ早期関与のあり方については，事後的紛争の防止の観点からも，今後のわが国における制度設計において参考とすべきものと思われる。たとえば，都道府県の開発審査会（法78条）について，都市計画プランナーや法曹関係者などの割合を増やし，中立性と判断の公正を担保できる組織に改編し，開発許可に先立つ審問手続や都市計画決定取消裁決の機能を持つ組織に転換していくことも検討の余地があると思われる(187)。

---

(184) まちづくり分野におけるワークショップの意義については，林泰義「都市計画と市民参加」都市問題研究48巻3号（1996年）32頁以下参照。角松生史「手続過程の公開と参加」『行政法の新構想II 行政作用・行政手続・行政情報法』（有斐閣，2008年）304頁は，ワークショップ手法を用いる場合，白紙の段階から議論を出発させる場合と行政が原案を作成して事業を行わない案も含めて複数案を提示する場合がありうるとする。なお，西東京市市民参加条例21条や鹿児島市の市民参画を推進する条例19条のように，政策課題の抽出・選択と合意形成のためのワークショップ方式を条例で定める例もある。

(185) 審問手続の概要について，友岡史仁「英国における大規模基盤施設に関する審問 —— 審問手続の合理化に関する制度変遷を中心にして」日本法学75巻3号（2010年）307頁以下

(186) 洞澤秀雄「都市計画争訟に関する一考察 —— イギリス法との対比を通じて」札幌学院法学25巻1号（2008年）87頁以下。

Ⅴ　おわりに

　人口急増期に立法された都市計画法は，現在まで都市と農村を一体的にコント
ロールする総合的土地利用計画の導入や開発許可の対象の拡大など，制度の根幹
にかかわる見直しは行われないまま，その時々の課題への「対症療法的」な改正
が蓄積してきた結果[188]，パッチワークの集合体のような状態となり，一般市民
のみならず，実務に携わる自治体職員や研究者にとってすら，制度の全体像を把
握することは容易ではなくなっている。また，これまで行われた法改正には，都
市再開発等のための局所的な容積率拡大など規制緩和を主眼としたものも少なく
なく，このことが生活環境悪化を懸念する地域住民との紛争要因ともなっている。
現行の法制度は，少子高齢化に伴って中心市街地の空洞化，農林業衰退などが進
む都市縮退期には実効性を欠くものになっているということを前提に，抜本的な
見直しを行うことが急務である。とりわけ，国が全国統一的なメニューを定め，
自治体がその枠組みに従って執行するというシステムでは，「服に体を合わせる」
かのような使い勝手の悪さは否めず，本稿で述べてきたような都市法制に内在す
る諸課題の解決は困難と思われる。

　法制度設計を行う国の官僚と制度のユーザーである自治体とのコミュニケー
ションを促進するためには，立法に際し，限られた有識者等による審議会だけで
なく，現場からの真摯な意見をボトムアップして立法政策に反映しうるような国
と自治体との協議の場を設けるなど，相互に協働してあるべき法制度について考
察することが必要である。また各分野の研究者からの学際的な発信も欠かせない。

　司法審査のあり方についても，原告適格や処分性など訴訟要件の解釈自体が自
己目的化し，救済範囲が極めて限定されてきたことは，都市空間形成における住
民の法的地位の観点からも問題であり，不合理な行政過程を是正するための訴訟
提起を地域住民等に広く認めていくことが重要である。この点，欧米においては，

---

(187)　西谷・前掲注(141)103頁は，都市計画取消訴訟の裁決機関として開発審査会の活用を
　　提言している。この場合に課題となるのは，組織としての中立性・専門性の確保であり，
　　寺田武彦「開発審査における不服審査の実務と問題点」自由と正義45巻6号（1994年）
　　49頁以下は，開発審査会の組織上の問題点として，附属機関として長が審査会委員の任
　　命権をもっていることから，公正な判断が期待できないこと，独立した事務局を設置で
　　きず，行政側に有利な審理が行われる可能性があることなどを指摘している。

(188)　大橋・前掲注(176)52頁は，わが国の法律は，その時々の需要に応じて，様々な手法
　　が並列的に追加され，概観性の悪さが政策調整を阻んでいるとして，法律版インクリメ
　　ンタリズムを見直し，簡素化を図る視点が重要と指摘する。

主張の異なるものが議論をしながら、「合意」を形成していくのが都市計画だと考えられており、都市計画を自治体、市民と裁判所の三者が創ってきたとされている[189]ことは注目に値する。

　地域のことは、国に依存することなく、住民と自治体が責任をもって自己決定できるようにすることこそが、まちづくりの根幹であり、都市法制における住民自治と団体自治の理念の貫徹が不可欠であること、違法な行政活動を是正するための司法権の適切な発動が担保されなければならないことを改めて強調して、本稿のむすびとしたい。

---

(189) 五十嵐敬喜「国家高権論にピリオドを──都市計画法改正」法時64巻5号（1992年）5頁。

◆ **4** ◆

アメリカ司法審査論の導入とその限界

高橋　正人

　は じ め に
Ⅰ　我が国の先行研究から見たアメリカ司法審査論の限界
Ⅱ　アメリカにおける司法審査論の展開（１）
　　── APA 制定前
Ⅲ　アメリカにおける司法審査論の展開（２）
　　── APA 制定後
Ⅳ　むすびにかえて

［行政法研究　第22号（2018．1）］

は じ め に

　戦後のわが国において，アメリカ行政法に関する本格的な研究は，鵜飼信成や杉村敏正さらには橋本公亘らがその先駆者であったといえよう(1)。しかしながら，アメリカ行政法研究が，我が国の行政法学に影響を与え始めたのは，行政手続(2)を除けば最近になってからではないかと考えられ，わが国の行政法学の体系に最も影響を及ぼしているのはドイツ行政法学である。

　但し，我が国の行政法学，特に行政作用法の一部分が英米行政法の影響を受けた可能性は否定できないのであり，杉村が1956年に公法研究に掲載した「委任立法」(3)においては，ドイツのみならず，アメリカやイギリスの法制度が詳細に紹介されている。杉村は，規則制定への利害関係者の参加を，アメリカの連邦行政手続法（APA = Administrative Procedure Act）を参照しながら我が国の課題として取り上げていた(4)。

　しかしながら，現在から遡ってみるならば，当時のアメリカ行政法において，我が国の行政法学が求めた"体系"は存在しなかった。杉村が後に著した『全訂行政法講義総論（上巻）』においては，法規命令に Rechtsverordnung の語が充てられており(5)，当時を代表する体系書に倣ったものといえる(6)(7)。

　本稿では，我が国行政法学が"体系化"を図るに当たって，何故にアメリカ行政法学が大きな影響を与えることができなかったかを先駆者の研究や，参照した文献を参考に検討してみることにしたい。但し筆者（高橋）の能力上の問題から，何らかの絞りをかけなければいけないので，以下では，司法審査論とりわけ「行

（1）園部逸夫「各国行政法・行政法学の動向と特色・日本」雄川一郎ほか編著『現代行政法体系1（現代行政法の課題）』(1983年) 145頁において，園部が「戦前・戦後派」「戦中・戦後派」に世代分けした行政法学者の中から，筆者（高橋）が過去に論説において参考にした研究者を挙げているが，他に，和田英夫，今村成和等も先駆的な研究者である。
（2）代表的な文献の一つに，園部逸夫『行政手続の法理』(1969年) が挙げられる。高柳信一『行政法理論の再構成』(1985年) に所収されている「行政手続と人権保障」（初出1963年，清宮四郎＝佐藤功編『憲法講座第2巻』所収）及び「行政上の立入検査と捜索令状」（初出1960年，『社会科学研究』11巻4号所収）も初期の代表的な論考である。
（3）杉村敏正『法の支配と行政法』(1970年) 99頁以下に所収されている。
（4）杉村・前掲注（3）121頁。
（5）杉村敏正『全訂行政法講義総論（上巻）』(1969年) 167頁。
（6）田中二郎『行政法総論』(1957年) 363頁。
（7）なお，山田幸男「英米行政法序説」田中二郎ほか編著『行政法講座第1巻』(1956年) 107頁以下においては，イギリス行政法の紹介にほとんどが割かれている。

政裁量」を巡る議論に焦点を当ててみることにする[8]。まず，先駆者が感じていた限界と我が国での議論状況を振り返り，併せて現在のアメリカ行政法の状況との比較をしてみることからはじめる（Ⅰ）。次いで，アメリカにおける当時の状況について，APA 制定前後に分けて，司法審査論がどのように展開されたのか再検証してみることにする（Ⅱ，Ⅲ）。

なお，本稿では，「（自由）裁量」と「司法審査論」を同義的に用いている箇所がある。これは，先行研究において，「（自由）裁量」の問題として捉える論者と，（明示はしていないが）より広く，「司法審査論」の問題として捉えている論者に分かれているためである。

Ⅰ　我が国の先行研究から見たアメリカ司法審査論の限界

1　山田幸男の自由裁量分析

（1）行政法文献において，「（行政）裁量」に discretion, Ermessen が充てられることがあることからすると[9]，現在，両者の概念はかなり近いものとして受け取られているものと思われる。しかしながら，戦後を代表する田中二郎の体系書においては，「自由裁量」に freies Ermessen が充てられており，アメリカ法（イギリス法を含む）の裁量概念は長く考察の外に置かれていたといえる[10]。

このことは，英米行政法に通じていた山田幸男が，1964年に以下のように述べていることからも窺い知ることができる。

「イギリス・アメリカにおいては，自由裁量行為といいうべき標準がなにかというごとき観念論はほとんどなく，かかる判例法国における自由裁量に関する論は，自由裁量の濫用（abuse of discretion）に関するものである。」

「自由裁量の踰越・濫用の法理の理論は，もともとフランスやドイツ系諸国において見出されるのであって，そのことは従来学理上そうであるだけでなく，

（8）後述するように，「行政裁量」をアメリカ法の観点から研究する手法は，1950年代からなされていた。橋本公亘『米国行政法研究』（1958年）134頁以下，園部・前掲注（2）83頁以下が代表的ではないかと考えられる。園部論文は，1960年に「行政上の法解釈に関する一考察」として『法学論叢』67巻1号に掲載されたものである。

後述する，鵜飼信成『行政法の歴史的展開』（1952年）191頁以下もこの問題を論じている。

（9）小早川光郎『行政法講義 下Ⅰ』（2002年）21頁等。

（10）田中二郎『新版行政法上巻（全訂第2版）』（1974年）116頁。オーストリアにおける裁量概念に関してではあるが，同・前掲注（6）283頁も参照。なお，"freies Ermessen" の語を用いることは，ドイツにおいても疑問が呈されている。Wolff/Bachof/Stober/Kluth, Verwaltungsrecht Ⅰ,12.Aufl, 2007, S.324. ; Maurer, Allgemeines Verwaltungsrecht, 17.Aufl, 2009, S.140.

117

［行政法研究 第22号（2018. 1）］

冒頭にも引用したわが行政事件訴訟法30条の制定の背景にドイツ連邦共和国行政裁判所法の規定があるということからもいいうることなのである[11]。」

（2）一方で，山田は，英米行政法における行政審判に着目し，我が国における事前手続の不備について触れたのち，次のように述べている。

　「そこで，わたくしは，従来，行政組織法の面でのみとり上げられていた行政委員会を，行政の専門性・技術性にともなう行政権と司法権との権限分配という見地に立って再検討し，又は，組織法と離れて，事前手続という制度を確立していくことが（一般行政手続法の制定のごとし），重要であると，前にも述べたように，考えるのであって，この点をさしおいて，最近の西ドイツの要件裁量論に追随することは，まさに反法治国家的である，といいたいのである[12]。」
　もっとも，ここでの山田の指摘は，裁量論に英米法の考え方を持ち込むことではなく，事前手続の整備の重要性である。従って，英米法の裁量概念を我が国に持ち込むことの困難さは，当時，英米行政法に最も通じていた論者によっても困難であったといえる。

　一方で，行政手続が注目されたことは，はじめにも触れたとおりであるが，特に，アメリカ行政法に関しては，権利の保障のためには，司法による救済よりも行政手続（事前手続）が重要であるとの理解が強かったようである。橋本公亘は，1965年の『行政法講座第3巻』で，アメリカにおける行政手続の発展の経緯に関して次のように述べている。

　「社会的・経済的条件の変化に伴って続出する数多の問題を処理するために，新たな行政機関が設けられるようになった。公益事業の料率の規制，事業の調査監督，許認可，その他各種の新たな国の機能を無視することができなくなって，行政機関による国民の活動の規制がしだいに認められることになったのである。このような行政権の拡大に当面して，行政権の濫用を防止し国民の権利を保障する方法として，いわゆる司法審査の確保と，行政手続の規制とが問題となり，ことに後者が行政法の中心課題となったのである[13]。」

　山田や橋本といったアメリカ行政法研究の先駆者が，最初からアメリカにおける司法審査論（その中には当然に裁量論も含まれてくる）を蚊帳の外に置いたので

---

(11)　山田幸男「自由裁量」田中二郎ほか編著『行政法講座第2巻』（1964年）131-132頁。
(12)　山田・前掲注(11)153頁。
(13)　橋本公亘「行政手続」田中二郎ほか編著『行政法講座第3巻』（1965年）58頁。

はない。むしろ，司法審査論や裁量論の研究の結果，アメリカにおける司法審査論を我が国に持ち込むことの難しさを知り，そのことが，行政手続の研究へと向かわせたのではないかと考える。以下では，先駆者によるアメリカの司法審査論の研究を辿ってみたい。

2　鵜飼信成・山田幸男の司法審査論

（1）園部逸夫は，1960年の論考において，アメリカにおける自由裁量論の先行研究として，鵜飼信成，山田幸男，橋本公亘，西岡久鞆の4名の先行業績を挙げている[14]。

研究書としては，鵜飼の『行政法の歴史的展開』が1952年に世に出されている。

「問題の中心は，行政法の観念の成立とその展開であるが，それは，実定法的素材としては，上に述べたように，体系的な存在をもっていない。そこで，まず学問的な反省を経ない，なまの素材として，すべての行政に関する法をとり上げて，それが，どのような概念規定をされ，また理論的に体系づけられているかを分析してみよう[15]。」

このような問題意識のもとになされた鵜飼の研究において，アメリカの司法審査論が扱われているのは第6章においてであるが，当時の我が国の体系に沿った答えを引き出そうという意図があったわけではない。このことは，第6章の始めに書かれている次の記述から感じ取ることができる。

「このような制度の転換は，これを類型的にいえばドイツ型の行政国家主義から，英米型の司法国家主義への発展ということができる。・・・われわれは，英米における行政法の発展を抽象的に分析することによって，日本における行政法の展開の基準となし得るものとは思わない。それは必ず，与えられた問題の特質とそれへの解決方法の本質を正しくとらえた場合にのみ，異なった風土に移植せられ得るのである[16]。」

（2）鵜飼の司法審査論の研究は，「裁判所と行政機関との関係をどのように処理するのが正しいか」ということ即ち「司法的審査の範囲は何であるかということ」に集約する[17]。

「司法的審査の範囲という問題の中で，核心をなしているのは，『実質的証拠

---

(14)　園部・前掲注（2）92頁。
(15)　鵜飼・前掲注（8）7頁。
(16)　鵜飼・前掲注（8）193-194頁。

の原則』（Substantial Evidence Rule）といわれるものである[18]。」

アメリカの司法審査論において，〈事実問題＝行政機関／法律問題＝裁判所〉という図式は，初期の連邦州際通商委員会（ICC = Interstate Commerce Commission）関連の判例群を通して確立されたとされるが[19][20]，鵜飼の関心は，この実質的証拠法則から法律問題と事実問題の線引きへと移る。

　「ところでこの原則の適用に当たって考慮しなければならない問題が二つある。一つは，法律問題と事実問題の境界線は，どこにひかれるかということである[21]。」

〈事実問題／法律問題〉の線引きは，既に，山田幸男が法律時報において発表した論文においてその不明確性が指摘されていた[22]。
　「社会立法は多くの法律要件を抽象的に規定する……から，これらの法規上の抽象的概念の認定の問題が事実問題か法律問題かということがまず解決を迫られよう[23]。」

山田は，問題の所在を〈事実問題／法律問題〉への線引きが困難な〈混合問題（mixed question of law and fact）〉に見出し，ICC 及び連邦取引委員会（FTC = Federal Trade Commission）事例を取り上げつつ，「自由裁量問題とされる傾向の存在することを指摘」できると述べる[24]。山田の「抽象的概念の認定をめぐる自由裁量[25]」論は，こうして〈混合問題〉へと行き着くのであるが，〈混合問題〉のリーディング・ケースとされる Gray v. Powell[26]についても言及しており，現在へと続く議論状況の萌芽を見出していた。

---

(17) 鵜飼の司法審査論（訴訟要件に関する議論を除く）は，当時のアメリカ行政法文献における記述とほぼ一致する。論者の見解も含め，J. HART, AN INTRODUCTION TO ADMINISTRATIVE LAW, 371-415（1947）.
(18) 鵜飼・前掲注(8)254頁。
(19) APA 制定前後の実質的証拠法則を巡る展開については，B. SCHWARTZ, ADMINISTRATIVE LAW（3rd）, 632-640（1991）.
(20) 初期の著名な事例として，ICC v. Union P. R. Co., 222 U.S. 541（1912）.; ICC v. Louisville & N. R. Co., 227 U.S. 88（1913）. がある。中川丈久「司法裁判所の『思惟律』と行政裁量（2・完）」法学協会雑誌107巻5号826頁。
(21) 鵜飼・前掲注(8)256頁。
(22) 山田幸男「自由裁量の観念について」法律時報22巻7号58頁以下。
(23) 山田・前掲注(22)63頁。
(24) 山田・前掲注(22)63頁。
(25) 山田・前掲注(22)63頁。
(26) 314 U.S. 402（1941）.「生産者」概念。なお，Gray 判決については，SCHWARTZ, supra note19, at 692.

〈混合問題〉の所在については，鵜飼の研究書においても言及されている。鵜飼は，「自由裁量」という語を用いることは避けつつ，論者の見解をまとめた上で，次のように述べている。

　「この区別（事実問題／法律問題の区別 —— 高橋注）の問題は，極言すれば，一に全く，裁判所がそれを審査すべきだと考えているかどうかにかかっているといっていいのである[27]。」

（3）鵜飼と山田の司法審査論が，〈事実問題／法律問題〉の線引きと〈混合問題〉に集約していったのは，当時のアメリカ行政法の動向と軌を一にするといってよい。1947年のHartの書には，〈事実問題／法律問題〉の線引きがきれいに割り切れるものではないことがDickinson, Landisらの見解を引用しつつ述べられている[28]。

　判例動向においても，〈事実問題〉か〈法律問題〉かの線引きを巡って，早くから，国家労働関係委員会（NLRB = National Labor Relation Board）関連の判例が分かれていたところである[29]。

　したがって，鵜飼や山田の司法審査論が，〈混合問題〉へと集約しつつも，「自由裁量」概念のヒントをアメリカ行政法から得ることができなかったのはある意味必然であったともいえよう。また，III 2（2）でも検討するが，〈混合問題〉を巡る判例の混乱は，1984年のChevron v. National Resources Defense Council[30]以降の法解釈を巡る謙譲問題へと繋がっていることが指摘されており，現在から見た結果論ではあるが，〈混合問題〉に「自由裁量」概念を結び付けようとするアプローチが我が国の行政法学に何らかの示唆を与えた可能性は低いといえる。

　既に，1960年の論文で，園部逸夫は次のように指摘していた。

　「自由裁量一般の問題はさておき，アメリカにおけるbroad statutory termの行政上の解釈適用の問題について，ドイツやフランスの学説判例に見られる精緻な議論を期待することは，丁度アメリカの行政法研究から観察者の趣味に合った体系を読み取ろうとする努力と同様に，的を誤っているといえよう[31]。」

---

(27)　鵜飼・前掲注（8）259頁。

(28)　HART, supra note17, at 372-374.

(29)　NLRB v. Hearst Publications, 322 U.S. 111 (1944).; Packard Motor Car Co. v. NLRB, 330 U.S. 485 (1947).「労働者」概念。両判決については，P. L. STRAUSS, AN INTRODUCTION TO ADMINISTRATIVE JUSTICE IN THE UNITED STATES, 259-260 (1989).

(30)　467 U.S. 837 (1984). R. J. PIERCE, S. A. SHAPIRO & P. R. VERKUIL, ADMINISTRATIVE LAW AND PROCESS (5th), 398 (2009).

［行政法研究 第22号（2018．1）］

（4）ところで，〈混合問題〉という領域設定は，従来，裁判所の独立した審査が及ぶとされてきた〈法律問題〉に対する司法審査の制約へと繋がるが[32]，1920年代の連邦最高裁判例には，実質的証拠法則が確立しつつあった〈事実問題〉に関しても，独立した審査を試みようとしたものがある。憲法的事実（constitutional fact）と管轄（権）的事実（jurisdictional fact）の問題である[33]。

この二つの概念については，杉村敏正が公法研究20号に掲載された「法の支配と行政法」において言及している[34]。杉村によれば，憲法的事実[35]とは，「憲法の下において主張される私人の権利の存否が依存するところの事実」のことであり，管轄権的事実[36]とは「行政機関の管轄権の存否が依存するところの事実」である[37]。

鵜飼の関心は，〈事実問題〉の審査に対する連邦最高裁の揺らぎにも向けられている。

「事実問題の限界について，裁判所が行政機関と対立する場合，事実問題の範囲を縮小しようとする理論構成の一つに，行政機関が，管轄権をもっているかどうかの問題は，たとえ事実問題であっても，裁判所はつねに審査することができるというのがある[38]。」

鵜飼は，移民法上の事実認定に終局性を認めた United States v. Ju Toy[39]に言及しつつ管轄的事実を説明しているが，Toy 判決については，入国拒否という行政判断に終局性を認める点で批判が強かったとされる[40]。鵜飼の研究が出されるのと前後して，状況に変化が生じた。

まず，管轄的事実の代表例とされる Crowell 判決が1932年に出されており（注

---

(31) 園部・前掲注（2）105頁。

(32) 拙稿「法律・事実・裁量（2）」静岡大学法政研究18巻3＝4号107頁以下。

(33) 拙稿「法律・事実・裁量（1）」静岡大学法政研究17巻2号83頁以下。

(34) 杉村・前掲注（3）29頁以下（初出1959年）。

(35) 料金設定に関して de novo review ができるとした，Ohio Valley Water Company v. Ben Avon Borough, 253 U.S. 287 (1920). ; St. Joseph Stock Yard Co. v. United States, 298 U.S. 38 (1936). が代表的である。中川・前掲注(20)826-827頁。

(36) 港湾労働者労災補償法（Longshoremen's and Harbor Worker's Compensation Act）の事実認定に関する，Crowell v. Benson, 285 U.S. 22 (1932). が代表的。本判決については，大橋真由美『行政紛争解決の現代的構造』(2005年) 69頁以下が詳しい。

(37) 杉村・前掲注（3）46頁。

(38) 鵜飼・前掲注（8）257頁。

(39) 198 U.S. 253 (1905). Toy 判決については，J. DICKINSON, ADMINISTRATIVE JUSTICE AND SUPREMACY OF LAW IN THE UNITED STATES, 51 (1927).

(40) HART, supra note17, at 396. なお，Hart は憲法的事実の事案として扱っており，両法理の区分は一貫していない。

（36）参照），前述の杉村の論文や，後述する橋本公亘に研究において取り上げられている[41]。

次に，移民法関連については，判例の展開があった。1922年の Ng Fung Ho v. White[42]においては，市民権の問題は司法判断の対象となるとされ，「管轄的事実の本質的な部分（essential jurisdictional fact）の否定（259 U.S. 276, at 284.）」という言葉が用いらえている。

更に，1978年の Agosto v. INS[43]は，国外退去においては，「憲法上，司法による初審的決定（de novo judicial determination）が要請されている（436 U.S. 748, at 753）」と述べ，現在，判例法理としての価値がほとんどなくなったとされる[44]憲法的事実・管轄的事実の例外をなしている[45]。

いずれにせよ，鵜飼の研究において，混沌とした当時のアメリカでの司法審査論の核心であった，〈事実問題〉〈法律問題〉の概念が的確に把握されていたといえる（アメリカにおける状況についてはⅡ，Ⅲで検討する[46]）。

3　橋本公亘の司法審査論

（1）鵜飼によって明確化されつつあったアメリカ司法審査論は，1958年の橋本公亘『米国行政法研究』において，ほぼ完全な形で我が国に紹介されることとなった。

橋本の司法審査の研究も，鵜飼と同様に〈事実問題／法律問題〉の線引きの議論から始まる。

「司法審査の範囲についての原則は『法律問題は，裁判所が審査し，事実問題は，実質的証拠によって支持される限り，行政官庁の決定をもって終局とする』というものである。ところが，この原則の適用について考えると，必ずしも，単純でなく，各種の難問を包含している[47]。」

---

(41)　橋本・前掲注（8）208頁以下。

(42)　259 U.S. 276 (1922).

(43)　436 U.S. 748 (1978).

(44)　STRAUSS, supra note29, at 243. はこれらの法理は消滅しかかっている（moribund）とする。このような見解は早くから示されており，K. C. DAVIS, ADMINISTRATIVE LAW, 918 (1951). は，これらの法理について，"virtually dead" との表現を用いている。

(45)　以上の流れ及び，憲法的事実・管轄的事実の位置づけについては，SCHWARTZ, supra note19, at 671-672. ; E. GELLHORN & R. M. LEVIN, ADMINISTRATIVE LAW AND PROCESS (5th), 113 (2006). 拙稿・前掲注(33)87-90頁。

(46)　HART, supra note17, at 371-415. においても，法律問題，事実問題，混合問題，憲法的事実が中心的テーマとして取り上げられている。

(47)　橋本・前掲注（8）185頁。

［行政法研究　第22号（2018．1）］

　この難問が，法律問題と事実問題，実質的証拠法則，法律と事実の混合問題，管轄的事実及び憲法的事実の理論ということになる。

　（2）橋本の〈事実問題／法律問題〉の分析は，1941年に出された「法務総裁委員会最終報告[48]」の翻訳からはじまっている（以下では，「最終報告書」とする）。『司法審査の用語の上では，法律問題と事実問題との間に，明確な区別がなされている。一般にいわれるところでは，前者は，完全な司法審査に服するが，後者は，法律上反対の趣旨の規定がない限り，行政上の決定が，実質的証拠により支持されるかどうかを確かめることを除いては，審査に服しない。行政上の事実認定が，実質的証拠に依拠しているかどうかの問題は，実は法律問題である。何故なら，右のように支持されない事実認定は，独断的，恣意的であり，且つ明らかに権限に属しないからである[49]。』

　橋本は，〈事実問題／法律問題〉の二分論を判例が一般に認めてきたものとしつつも，両者の区分が容易ではないことを述べる。ここまでは，鵜飼や山田のアプローチと同じである。鵜飼信成や山田幸男の研究が，〈混合問題〉へとすぐに移行したのに対して，橋本は，Landis, Dickinson, Jaffe らの見解に依拠しつつ「法律問題と事実問題の公式の適用によって奥に潜んでいる理由を探求する」という作業を行っている[50]。

　橋本が，見出したのは，「裁判所及び行政官庁の"expertness"[51]」であった。

　これが，2（2）で述べた，〈事実問題＝行政機関／法律問題＝裁判所〉という公式を形作る。行政機関と裁判所がそれぞれの領域において持つ"expertness"や"expertise"は，当時からの代表的な論客である Schwartz によっても，長く司法審査における基本的枠組みとして論じられてきたところである[52]。しかしながら，expertness が明確な境界線を引くに当たって有効に機能するわけではない。

---

(48) Final Report of the Attorney General's Committee on Administrative Procedure (1941). この「最終報告書」に関しては，中川丈久『行政手続と行政指導』（2000年）87頁以下，野口貴久美『行政立法手続の研究』（2008年）83頁以下において詳しく論じられている。

(49) 橋本・前掲注（8）186頁。Final Report, Id. at 88. の訳である。

(50) 橋本・前掲注（8）186-190頁。Landis の見解についてはⅡで検討するが，HART, supra note17, at 373. に要約されている。

(51) 橋本・前掲注（8）190頁。

(52) SCHWARTZ, supra note19, at 632-634. 法律問題については，その専門家である裁判所によって決定されるべきとの見解を，Landis の見解を引用しつつ述べている。

「expertness は，裁判所が審査の範囲を決定するにあたって考慮した重要な要素の一つではあるが，そのすべてではない[53]。」

（3）こうして，橋本の関心は，「法律と事実との混合問題」に向けられるが，「これもまた司法審査の問題を解決するには，余り役に立たない」と指摘する[54]。

橋本は，山田幸男が既に取り上げていた1941年の Gray 判決を，混合問題に関する最初の重要判例としたうえで，〈事実問題〉として実質的証拠法則が適用される領域の拡大＝司法審査の範囲の縮小を指摘する[55]。

橋本が取り上げている連邦最高裁判例には，「生産者」概念に関する Gray 判決，「労働者（被用者）」概念に関する Hearst 判決（注(29)参照），港湾労働者労災補償法に関する O'Leary v. Brown Pacific Maxon[56]のほか，連邦証券取引委員会（SEC = Securities and Exchange Commission）の判断が争われた，SEC v. Chenery Corp.[57]がある。

Chenery II といわれる1947年の判決は，Chenery I といわれる SEC v. Chenery Corp.[58]とともに，司法審査の制限に関するものであるが，現在は，裁判所の審査範囲を行政機関の主張範囲に限定するという法理の先例として取り扱われることが多く，上記 3 判決とは位置づけを異にして扱われることが多い[59]。

Gray 判決，Hearst 判決，O'Leary 判決は，混合問題に関する代表的な判例として取り上げられてきたが[60]，2（3）で述べた Chevron 判決の影響もあってか，Hearst 判決のみ言及されることがある[61]。また，混合問題に関して，判例が一貫していたわけではなく，Packard 判決（注(29)参照）のように〈法律問題〉として独自の解釈を行っている事例もあることから，Chevron 判決以前の連邦最高裁の一貫性のなさが指摘されることがある[62]。いずれにせよ，橋本の研究は，当時の混合問題に関する代表的な判決とそこに潜む問題点（＝司法審査の範囲の縮小）を的確に捉えていた。

---

(53) 橋本・前掲注（8）191頁。
(54) 橋本・前掲注（8）204頁。
(55) 橋本・前掲注（8）204-205頁。
(56) 340 U.S. 504 (1951).
(57) 332 U.S. 194 (1947).
(58) 318 U.S. 80 (1943).
(59) PIERCE et al., supra note30, at 384. ; GELLHORN & LEVIN, supra note45, at 108-109. ; SCHWARTZ, supra note19, at 631-632.
(60) SCHWARTZ, Id. at 696-701.
(61) PIERCE et al., supra note30, at 397. ; GELLHORN & LEVIN, supra note45, at 80.
(62) PIERCE et al., Id. at 397.

［行政法研究 第22号（2018.1）］

さらに，橋本はAPAの制定によって，Gray判決の理論が変更されるかを検討し，Schwartzの見解に依拠しつつ，APAの制定によってGray判決の理論は変更されない（＝〈法律問題〉として，審査範囲が拡大することはない）と指摘する[63]。実際，港湾労働者労災補償法に関するO'Leary判決は，Gray判決の理論に従っている。

鵜飼の研究の段階では曖昧であった，管轄的事実，憲法的事実については，橋本の研究において「『行政官庁による事実の認定が，実質的証拠によって支持されるときは，最終とする』という公式に修正を加える」理論として紹介されている[64]。2（4）で述べたとおり，〈事実問題〉に対しても独立した司法審査を行おうとする理論（法理）である。

橋本が，代表的判例として論じているのは，Crowell判決（注(36)），Ben Avon判決（注(35)），Stockyards判決であり，現在のアメリカ行政法文献において取り上げられる判例でもある（もっとも，前述のように否定的評価がなされている）[65]。

4　園部逸夫，杉村敏正の司法審査論

（1）「法と事実の混合問題」は，その2年後，園部逸夫によってより深く考察が加えられることとなる。園部は，〈混合問題〉の特徴を次のように述べている。

「過去約20年間のアメリカの行政判例を見ると，裁判所が，法とか事実とかいうような言葉を使わないで，そういった審査の基準というよりも，むしろ特定の事件を決定する場合の裁判官と行政官との間の相対的能力（relative ability）に重きをおいて考えて行く傾向が見られる[66]。」

園部は，「relative abilityの考慮を採ることによって裁判過程の内部作用に一つの変化をもたらした」として取り上げているのが，山田や橋本も言及していたGray判決である[67]。

さらに，橋本が言及していたHearst判決につき，「合理性（reasonable）という判断基準を設けている」とし，「法律の規定に示されている"法"はただ一つの意味しかないという考え方を捨てて，法律の規定はいずれも二つ以上の解釈を

---

(63) 橋本・前掲注(8)206-207頁。
(64) 橋本・前掲注(8)208頁。
(65) STRAUSS, supra note29, at 243. ; PIERCE et al., supra note30, at139-140. 橋本・前掲注(8)208-214頁。
(66) 園部・前掲注(2)93頁。同97頁においては，「与えられた問題の決定について裁判所と行政庁のいずれが適しているかという実際上の議論で，常に問題となるのが，行政官庁のexpertiseの尊重ということである。」と述べている。
(67) 園部・前掲注(2)94頁。

受けることができるものであることを大まかに承認した上で，そのどれもが道理にかなっている場合は，行政庁の選択した解釈が他を抑えると見なければならないということになる」と述べて，関連判決も交えながら司法審査範囲の縮小を論じている[68]。

ところで，園部も，3（3）で述べた橋本と同様に，Gray 判決の関連判決として，Chenery Ⅱを挙げているが[69]，現在，Chenery Ⅱに関しては，Gray 判決をはじめとする〈混合問題〉の関連判例とは位置づけを異にしていることは既に述べた。

園部は，一方で，〈混合問題〉に関して，「以上のような判例の傾向とは反対の傾向がある」と指摘し，連邦最高裁が，〈法律問題〉として，自ら法解釈を行った諸判例を取り上げている[70]。Packard 判決（注(29)）が，この諸判例の一つをなすことになるが（なお，園部は Packard 判決には言及していない），3（3）でも述べたように，〈混合問題〉を巡る一貫性のなさが指摘されている[71]。

園部は，「Gray 事件や Hearst 事件の基本的な考え方が一つの大きな流れである[72]」と述べているが，園部によって明らかにされた〈混合問題〉の一貫性のなさは，当時のアメリカ司法審査論から得られるものは何かという根本的な問題を提起した可能性がある。

アメリカ行政法における（とりわけ〈混合問題〉を巡る）不確実性について，園部は次のようにまとめている。

「アメリカの行政手続の過程において問題とされているのと同じ意味での専門性を行政行為一般については無論であるが，輸入されたメカニズムに限ってみても，その類似性から直ちに日本の場合に類推することについては，深い危惧の念を抱かないわけにはいかない[73]。」

（2）橋本公亘の研究とほぼ同時期に出された，杉村敏正「法の支配と行政法」においても，混合問題，実質的証拠法則，憲法的事実，管轄的事実が説明されて

---

(68) 園部・前掲注（2）95頁。

(69) 園部・前掲注（2）95頁。

(70) 園部・前掲注（2）96頁。

(71) Hearst, Packard の両判決を対照的に紹介するものとして，STRAUSS, supra note29, at 259-260. Packard 判決は，NLRB の「労働者」解釈は，「裸の法律問題（naked question of law）（330 U.S. 485, at 492.）」であるとし，〈法律問題〉に引き付ける作業が行われている。拙稿・前掲注(32)115-116頁。

(72) 園部・前掲注（2）96頁。なお，ここで引用されているのは，橋本・前掲注（8）204-207頁である（園部・同100頁注(41)参照）。

(73) 園部・前掲注（2）105-106頁。

127

［行政法研究 第22号（2018．1）］

いる⁽⁷⁴⁾。重複するところを避けると，杉村が，憲法的事実及び管轄的事実に関して，その後の判例変更について言及しているところが注目されよう。アメリカにおいては，憲法的事実及び管轄的事実の理論（法理）は，3（3）で述べたように否定的評価がなされているが，判例変更とは捉えられていない⁽⁷⁵⁾。但し，"消滅（demise）"等の語が用いられ，事実認定に関する行政機関の能力が再認識されるとともに，これらの理論（法理）が事実問題に関する初審的審理を求めたことで，専門的な行政機関に委ねられる効率的な意思決定を阻害していたとの指摘がなされている⁽⁷⁶⁾。

このように，憲法的事実及び管轄的事実の理論（法理）の"消滅"が我が国に紹介されたことで，アメリカの司法審査論の揺らぎが明らかになったことは，〈混合問題〉の不確実性も相俟って，アメリカ司法審査論への依存を低下させたのではないかと考えられる。

（3）杉村の研究書に所収されている論考からすると，discretion の概念を対象にしているのは，1963年に出された，「自由裁量論の検討」においてである⁽⁷⁷⁾。ここで，杉村は，Dickinson の行政裁量論について言及するとともに⁽⁷⁸⁾，Swenson の見解に依りつつ，制定法の規定おける"may"と"shall"とによる裁量権の違いについて触れている⁽⁷⁹⁾。

規定の仕方に着目した後者については，小早川教授や阿部教授の"できる規定"（Kann-Vorschrift）を想起させるが⁽⁸⁰⁾，このような規定に着目した行政裁量論は，その後アメリカにおいても展開していないと思われる（Ⅱ，Ⅲ参照）。また，「自由裁量論の検討」は，我が国の裁量論をテーマにしたものであり，discretion の概念が掘り下げられることはなった。

こうして，我が国の自由裁量論の研究にあったって，アメリカ法からの示唆の可能性はほぼなくなり，1（1）で触れた1964年の山田幸男の「自由裁量」におい

---

(74) 杉村・前掲注（3）46頁以下。49頁注（9）(10)参照。

(75) PIERCE, et al., supra note30, at 140.

(76) PIERCE, et al., Id. at 140. は論者の見解を引用しつつ，このような消極的な評価をしている。

(77) 杉村・前掲注（3）189頁以下に所収。『法学論叢』72巻5号に掲載されている。

(78) 杉村・前掲注（3）206-207頁。

(79) 杉村・前掲注（3）204頁注（1）参照。R. J. SWENSON, FEDERAL ADMINISTRATIVE LAW, 287（1952）. が引用されている。

(80) 小早川光郎『行政法講義Ⅰ』（2002年）19頁，阿部泰隆『行政法解釈学Ⅰ』（2008年）397-398頁。

ては，ほとんど考察の対象外となっている[81]。その後の我が国を代表する体系書においても，discretion の概念は念頭に置かれることはなかった[82]。

（４）〈混合問題〉や憲法的事実・管轄的事実の理論（法理）が，我が国に導入するだけの有用性がなかった（アメリカにおいて，理論状況の混乱が見られた）というのが，先駆者の見立てであるが，Ⅱ，Ⅲにおいては，アメリカにおける当時の状況を検討してみることにする。

ところで，橋本公亘や園部逸夫は，司法審査論ではなく，司法審査の対象論において，「自由裁量」という語を用いている。いずれも，当時の APA10条における司法審査の除外規定（現在のAPA701条(a)(2)[83]）に関する言及においてである。

APA の司法審査規定は，701条(a)(2)によると，「行政活動が法律により行政機関の裁量に委ねられている場合（committed to agency discretion）」には適用されない。制定当初から，厄介な規定とされていたようであるが[84]，橋本は，次のように解説している。

「（イ）明文の有無に拘らず，いかなる行為が官庁の自由裁量に委ねられているか，（ロ）いかなる限度まで，その行為の自由裁量が認められているか，について，裁判所が決定する。行為が，官庁の自由裁量に委ねられるときは，司法審査は行われない[85]。」

園部は，この規定について，司法審査に関する行政手続法10条 e 項とも関連付けつつ，次のように述べている[86]。

「（行政手続法10条 —— 高橋注）e 項は，『官庁の行為が法（law）によって官庁の自由裁量に委ねられている』場合には適用されない。裁判所は，議会が特定

---

(81) 山田・前掲注(11)125頁以下。こうして，我が国における「(自由)裁量」の研究対象は，主に，（西）ドイツに向けられることになったと思われるが，山田は，フランスの動向についても詳細に述べている。

(82) 田中二郎『新版行政法上巻（全訂第２版）』(1974年) 116頁以下。尤も，我が国においては，裁量の問題が行政行為論の中で論じられていたのに対し，同時期に出されたドイツの代表的な体系書（Forsthoff, Lehrbuch des Verwaltungsrecht, 10.Aufl., 1973, S.81-.）等が，裁量の問題を行政行為論とは別個に論じていたが，ここに踏み込むだけの能力が筆者にはない。

(83) 5 U.S.C. § 701(a)(2). この規定につき，常岡孝好「司法審査基準の複合系」『法治国家と行政訴訟（原田先生古希）』(2004年) 391頁参照。

(84) PIERCE, et.al., supra note30, at 141.

(85) 橋本・前掲注(8)170頁。

(86) 杉村・前掲注(3)202頁注(2)における「絶対的裁量（absolute discretion）」もこの規定を意識したものである。

［行政法研究 第22号（2018. 1）］

の法律規定の文言の解釈について行政庁に裁量行為を求めているということによって，独立的審査を回避することができる[87]。」

司法審査の対象論に関する議論であり，司法審査論そのものではないとしても，橋本や園部が discretion の概念を広く解しているのであれば，当時の我が国の支配的見解であった，「自由裁量[88]」概念と通じるところがないともいえない。

後に，APA701条(a)(2)の解釈を巡っては，二つの著名な連邦最高裁判例が出されている。1971年の Citizens to Preserve Overton Park, Inc. v. Volpe[89] においては，公園内における高速道路建設の是非が争点となったが，連邦最高裁は，運輸長官側の，APA701条(a)(2)の適用により，司法審査の対象にならないとの主張を退けている[90]。一方，死刑囚が，連邦食品医薬品局（FDA = Food and Drug Administration）に，致死薬物の注射をやめるように求めた Heckler v. Chaney[91] においては，連邦最高裁はこの規定を適用して，司法審査対象性を否定している[92]。

いずれにせよ，当時の APA における司法審査の適用除外規定の解釈論に深く踏み込む作業はなされなかったようであり，当時のアメリカにおいても，先例は少なかったと言える。

Ⅱ　アメリカにおける司法審査論の展開（1）── APA 制定前

1　Dickinson と Landis における〈事実問題〉

（1）我が国の先行研究においてその所説がしばしば引用されているのは，Dickinson と Landis である。Ⅰにおいて引用した Hart も，〈事実問題／法律問題〉の二分論に言及するに当たり，この2人の論者の見解を引用しており[93]，アメリカにける司法審査論の展開を再検討するに当たっては，2人の論者が，どのように"discretion"ではなく"(question of) fact"と"(question of) law"に着目

---

(87) 園部・前掲注(2)96頁。なお，当時の連邦行政手続法10条 e 項は，現在の 5 U.S.C.§706. に対応する。APA の司法審査基準については，常岡・前掲注(83)359頁以下。

(88) 田中・前掲注(6)283頁。

(89) 401 U.S. 402 (1971).

(90) 本判決については，武田真一郎「政策決定と司法審査」『行政法の発展と変革（下）（塩野先生古稀）』（2001年）199頁以下。司法審査対象性については，209-210頁。なお，Overton 判決は，本案である司法審査論についても重要な判断を示している。

(91) 470 U.S. 821 (1985).

(92) PIERCE et al., supra note30, at 144-146. においては，Heckler 判決以降，司法審査対象性を狭める解釈が連邦最高裁においてなされている旨指摘されている。

(93) HART, supra note17, at 372-373.

していたかを検討するところから始めたい。後述するように，Landis は，〈法律問題〉においても行政機関の専門性を強調するが，"fact" と "law" の区分が如何に意味のないものであるかを述べるに当たり，Dickinson の見解を引用している[94]。

Landis に引用されている Dickinson の見解の趣旨は，「"法律問題" と "事実問題" の区分は，実際のところ，司法審査をなすにあたって，少しも役立つものではない。この二つの問題の概念は，相互に排他的なものではないのである[95]。」というものであった。Landis が引用している箇所は，橋本公亘[96]や園部逸夫[97]によっても引用されている。〈事実問題〉と〈法律問題〉の線引きの難しさを論じる代表的な論者として，Dickinson が引用されているのは興味深いところである。

（2）Dickinson による〈事実問題〉の分析は詳細で難しいところがあるが，本稿との関連から 2 点触れておきたい。まず，執筆時の判例状況について，Dickinson は以下のように述べている。

「制定法及び裁判例は "法律" と "事実" の区分にあふれている。この区分は当然の理と思われており，多くの裁判例において，その決定の基礎をなしている[98]。」

Dickinson は，関連判決として，Ⅰ 2 （ 4 ）で取り上げた，移民法の事実認定に関する Toy 判決を挙げている[99]。〈事実問題／法律問題〉の二分論は，注(20)においても触れたように，1910年代の ICC 関連判例における実質的証拠原則において確立されたとされるが[100]，それ以前の諸判例から，この二分論に Dickinson は着目していたことになる。

次に，Dickinson の論考は〈法と事実の混合問題（mixed question of law and fact）〉へと移行する。この領域においては，行政機関の判断は裁判所によって阻

---

(94) J. LANDIS, THE ADMINISTRATIVE PROCESS, 145（1938）.

(95) DICKINSON, supra note39, at 51.

(96) 橋本・前掲注(8)186頁，187頁。

(97) 園部・前掲注(2)93頁。

(98) DICKINSON, supra note39, at 50.

(99) DICKINSON, Id. at 51.

(100) SCHWARTZ, supra note19, at 636-637. は先例として，1910年代の ICC 関連判例を挙げている。PIERCE, et al., supra note30, at 385. は先例として，1930年代の NLRB関連判例を挙げている（Consolidated Edition Co. v. NLRB, 305 U.S. 197（1938）.）。実質的証拠原則（法則）の展開については，拙稿・前掲注(33)62-70頁。

害されてはならない[101]。前述した，〈事実問題 / 法律問題〉の二分論が司法審査において役に立たないという Dickinson の指摘も，これに関連付けて述べられている。

その上で，〈事実問題 / 法律問題〉の線引きについて，次のような見解を示している。

「裁判所が司法審査を望まないのであれば，"事実"問題であると説明したがるのである。裁判所自ら（事案を）処理したいのであれば，"法律"問題と呼ぶことになる[102]。」

ここで，Dickinson は印刷物が，書籍（book）であるか雑誌（magazine）であるかが争点となった Smith v. Hitchcock[103] を挙げつつ，"法律"と"事実"に分割することは無駄なものであるとの持論を展開している[104]。

〈混合問題〉については，Ⅰ2（2）で述べたように，山田幸男によって紹介されているところであり，アメリカにおいても1941年の Gray 判決がリーディング・ケースとして扱われているところであるが[105]，〈事実問題 / 法律問題〉の二分論では処理できない領域としての〈混合問題〉の存在は，20世紀初頭から意識されていたことになる。

ところで，Dickinson の研究書が世に出たのは，憲法的事実の理論（法理）に関する Ben Avon 判決（注(35)参照）が出された後である。Dickinson は，Ben Avon 判決により，連邦最高裁が，「積み上げられた先例を覆し，司法審査に関する新しい原則を打ち立てるものなのか」注目しているが[106]，これら憲法的事実及び管轄的事実の理論（法理）に対しては，Landis から厳しい批判がなされることとなった。

（3）Landis の研究書が世に出た1938年には，憲法的事実及び管轄的事実の理論（法理）に関する一連の最高裁判例が出されていた。行政部門の"expertness"を強調する[107]Landis は，料金設定に関する Ben Avon 判決や，労災補償における Crowell 判決において，〈事実問題〉に関しても独立した司法審査（independent judicial determination）が求められたことは「（行政の）効率的な制度を阻害する[108]」

---

(101) DICKINSON, Id. at 54.
(102) DICKINSON, Id. at 55.
(103) 226 U.S. 53 (1912).
(104) DICKINSON, Id. at 55.
(105) SCHWARTZ, supra note19, at 696-697.
(106) DICKINSON, supra note39, at 195.
(107) LANDIS, supra note94, at 142.

との批判を浴びせる。

〈事実問題〉に関して，独立した司法審査を認める憲法的事実や管轄的事実の理論（法理）は，Landis によれば，行政決定に終局性（finality）を認める（実質的証拠法則を念頭に置いたものと思われる——高橋注）考え方と相容れない[109]。

Landis による行政機関の"expertness"に関する言及は，裁判所における完全な審査が前提とされる〈法律問題〉にも及ぶ。

「行政活動の司法審査の将来に関して興味深い問題は，事実認定の審査においてどこまで裁判所が抑制的であるかではなく，法的な判断に関してもどこまで抑制的であるかである。この抑制の問題が，事実問題は専門性の備わった者（experts）によって扱われるべきであることに基づくならば，抑制に関する同様の考え方が法律問題においても明らかになるからである[110]。」

こうして，Landis は，〈事実問題／法律問題〉二分論を「無意味なもの[111]」と断じた上で，先行する論者の見解として，（1）で述べたように，Dickinson による二分論の否定的評価を引用している[112]。

2　連邦最高裁判例の展開

（1）このような学説上の見解が示される一方，連邦最高裁は，実質的証拠法則を固めつつ，例外としての憲法的事実及び管轄的事実の理論（法理）を打ち立てる方向を示した。注(20)で挙げた，実質的証拠法則のリーディング・ケースとされる Union Pacific 判決と，注(35)で挙げた，憲法的事実の理論（法理）に関する Ben Avon 判決について振り返っておきたい。

ICC による木材の輸送料金値下げ命令が争点になった Union Pacific は，次のように述べて，実質的証拠法則を明確化した。

「裁判所の司法審査は委員会が与えられた権限内において活動したか否かに限定されることになる。裁判所は，命令の手法や賢明さについて考慮しないし，同様の証拠がある場合に同じ判断を行ったかについて考慮しない。委員会の事実認定は反証のない限り（prima facie）真実とされ，裁判所としても，法律により任命され経験を得ている審判所（tribunal）による判断にふさわしい効力

---

(108)　LANDIS, Id. at 133.

(109)　LANDIS, Id. at 132.

(110)　LANDIS, Id. at 144. 中川・前掲注(20)835頁は，Landis の見解につき，「専門性の概念を新たな司法権の理解の基礎付けとして用いるものと考えられる。」と述べる。

(111)　LANDIS, Id. at 145.

(112)　DICKINSON, supra note39, at 55.

［行政法研究　第22号（2018.1）］

を与えてきた。……委員会の結論は司法審査の対象となるが，証拠によって支持される場合には最終的なものといなされるのである。……裁判所は事実に関して，命令を支持するだけの実質的な証拠が存在するか否か以上の審査をする必要はない（222 U.S. 541, at 547-548.）。」

実質的証拠法則は，Union Pacific 判決及びこれに続く ICC 関連判決，更には注(100)で挙げた Consolidated Edison 判決をはじめとした NLRB 関連判決の中で洗礼されていく[113]。このようにして，〈事実問題／法律問題〉二分論が形づくられていく中で，登場したのが Ben Avon 判決である。

（2）ペンシルベニア州の公益事業委員会による会社財産の査定が争点となった Ben Avon 判決においては，委員会による査定が低すぎ，会社財産の没収（confiscation）を意味するのではないかが争点となった[114]。連邦最高裁は，次のような視点から，実質的証拠法則により司法審査を制約してきた〈事実問題〉についても独立した司法審査を行う旨述べている。

連邦最高裁は，委員会による料金変更命令が立法的性質を有するものであると述べている（253 U.S. 287 , at 289.）。その上で，「このような場合において，財産の没収ということが主張されているならば，州としては，司法の場において，法律および事実の両者に関しての（as to both law and fact）独立した判断をなさしめる公平な機会を付与しなければならない。そうでなければ，合衆国憲法修正14条との抵触をきたし，変更命令は無効なものとなる（ibid）。」と続けている。

Ben Avon 判決が，〈事実問題〉についても独立した司法審査を行うと述べるに当たって，立法的性質と適正手続に関する修正14条への言及が注目されよう[115]。憲法的事実の理論（法理）に批判的な Landis は，料金設定の立法的性質付けについて，三段論法で説明され得ると述べる。

「料金が没収的でないならば，料金設定は適切な立法権の行使ということになる。没収的であるか否かは，価格に関する事実認定の正確さに依拠する。価格に関する事実は，立法行為が立法権の枠内で行使されたと裁判所が結論付けるために，裁判所によって独立して認定されなければならない[116]。」

---

(113)　連邦最高裁判例の展開については，拙稿・前掲注(33)63頁以下。ICC 関連判決について，大橋・前掲注(36)64頁以下，野口・前掲注(48)34頁以下。

(114)　拙稿・前掲注(33)84-85頁。

(115)　Ben Avon 判決以前の事例について，拙稿・前掲注(33)80-83頁参照。

(116)　LANDIS, supra note94, at 127.

3 法務総裁委員会最終報告書

（1）このように，学説・判例を回顧すると，1941年にAPA制定に関して法務総裁委員会最終報告書が出されるに至るまで，論点の中心になっていたのは，〈事実問題〉をどう扱うかということであった。法務総裁委員会最終報告書（以下，「報告書」とする）は，橋本公宣が言及していたところである（Ⅰ3（2）参照）[117]。

（2）報告書は，まず，憲法的事実及び管轄的事実の理論（法理）に言及している。

憲法上の権利が含まれる事案については，連邦最高裁は，法律問題及び事実問題に関して独立した司法審査を要請していると述べる。前述のBen Avon判決及び注(35)で挙げたStock Yards判決を引用している[118]。

一方，事実の決定が根本的（fundamental）または管轄的である場合においても連邦最高裁は，初審的審理を行っていると述べ，注(36)で挙げたCrowell判決を引用している[119]。従って，憲法的事実及び管轄的事実の理論（法理）に関して，報告書の内容は判例動向をそのまま述べるものであったといってよい。

（3）憲法的事実及び管轄的事実の理論（法理）と同様のことは，〈事実問題／法律問題〉の二分論についても当てはまるところである。橋本公亘の訳を借りながら訳すと次のとおりである（Ⅰ3（2）も参照）。

「司法審査の用語の上では，法律問題と事実問題との間に，明確な区別がなされている。一般にいわれるところでは，前者は，完全な司法審査に服するが，後者は，法律上反対の趣旨の規定がない限り，行政上の決定が，実質的証拠により支持されるかどうかを確かめることを除いては，審査に服しない。行政上の事実認定が，実質的証拠に依拠しているかどうかの問題は，実は，法律問題である。何故なら，右のように支持されない事実認定は，恣意的，専断的であり，且つ明らかに権限に属しないからである（arbitrary, capricious and obviously unauthorized）。

多くの事例において，裁判所は特定の事項が，事実問題とし，あるいは法律問題として判断をしてきた。しかしながら，裁判所の判決以前に，自信をもっていずれかであると判断する明確な基準はまだ展開されていないのである[120]。」

---

(117) 橋本・前掲注(8)186頁，197-198頁。
(118) Final Report, supra note48, at 87.
(119) Final Report, ibid.
(120) Final Report, Id. at 88.

［行政法研究　第22号（2018. 1）］

　報告書はこのように述べた上で，〈事実問題〉と〈法律問題〉の区分が，「司法審査をなすにあたって，少しも役立つものではない[121]」とする Dickinson の言葉を引用している[122]。但し，報告書において，〈事実問題／法律問題〉の二分論に代替する案が示されていたわけではなく，現状の問題点が述べられていた以上のものではないようである。〈混合問題〉については，Dickinson が述べているように意識はされていたであろうが，その後のリーディング・ケースとなる，Gray 判決が1941年（報告書と同年である），Hearst 判決が1944年であることからすると，報告書においては検討の対象外であったことも納得できよう。

　一方，報告書においては，discretion に繋がる次のような指摘がなされている。即ち，現在の司法審査のあり方は，多様な事実認定のタイプを考慮に入れていないとし，事実認定においては，専門的で経験を要するものから，全くそのようなものを必要としないものまでが存在することを指摘し，これらの事実認定を一括して扱うことへの問題提起がなされている[123]。このような問題意識は，APA 制定後の法務総裁解説書（以下，「解説書」とする[124]）にどのように現れているのであろうか。

　次に，APA 解説書についてみてみることにする。

Ⅲ　アメリカにおける司法審査論の展開（2）── APA 制定後

1　法務総裁解説書

（1）APA 制定後の最初の資料になるのは，解説書であるが，報告書が出されてから年数も経っていないせいか，その記述は淡泊であり，また参考判例もない。

　APA10条 e 項（B）（1）[125]に規定された，「専断的，恣意的，裁量権の濫用（abuse of discretion），その他法に違反するもの」に関して，解説書は，「管轄権を有する裁判所は，これまでにおいても，官庁処分が，『（1）専断的，恣意的，裁量権の濫用』，その他法に反するもの，（2）憲法上の権利，権能，自由権又は特権に反するもの，（3）法律の定める管轄権，権能若しくは制限を超えたもの，又は法律上の権限を欠くもの，（4）法律の定める手続に従わないもの』に該当する

---

(121) DICKINSON, supra note39, at 55.

(122) 以上の箇所については，橋本・前掲注（8）186-187頁。

(123) Final Report, supra note48, at 211.

(124) Attorney General's Manual on the Administrative Procedure Act（1947）.

(125) 現在の，5 U.S.C. § 706（2）（A）に対応する。なお，法務府法制意見第4局『米国行政手続法解説』（1952年）は，「B」ではなく，「第（二）」としているが（136頁），本稿では，Manual, Id. at 108. に対応させて訳している。

と認めた時には，常にその処分を取消していたのである[126]。」と述べるが，先例は挙げられていない。

このことは，解説書が最低限のことを述べているに過ぎないことからすれば，納得できるが，APA10条 e 項(B)(5)[127]に規定された実質的証拠法則においては，注(100)において挙げた，Consolidated Edison 判決が連邦最高裁判例の代表例として取り上げられていることからすれば[128]，discretion に関する先例のなさが指摘できよう[129]。

（2）では，報告書において言及されていた，憲法的事実及び管轄的事実の理論（法理）に関する諸判例はどうであろうか。報告書は，Ⅱ3（2）において述べたように，Ben Avon 判決，Stock Yards 判決，Crowell 判決といった著名な連邦最高裁判例について言及していたところである[130]。初審的審査がなされるという点においては，APA10条 e 項(B)(6)[131]が対応することになるが，解説書において中心的に論じられているのは，立法過程における議論状況であって，前述の著名な連邦最高裁判例についての言及はなされていない[132]。

このようにみてみると，司法審査に関して，報告書の段階においては，それまでの連邦最高裁判例の動向がそのまま述べられていたのに対して，解説書においては（APA の条文を含めてであるが），一度"リセット"された感が否めない。

2　連邦最高裁判例の展開

（1）この時期の連邦最高裁判例の最大の特徴は，〈混合問題〉を巡る諸判例の展開といってもよいであろう。このことは，〈事実問題／法律問題〉の線引きが不明確であることが判例においても明らかになることを示す。我が国の先駆的研究の目がアメリカに向けられたのもこの時期であり，鵜飼信成や山田幸男の研究が，〈事実問題／法律問題〉という司法審査の基本軸とその揺らぎを指摘してい

---

(126)　Manual, Id. at 108-109.；法務府・前掲『解説』136頁。
(127)　現在の，5 U.S.C.§706(2)(E)に対応する。
(128)　Manual, supra note124, at 109.
(129)　Manual, ibid.；法務府・前掲注(125)『解説』136頁は，この規定についても，「これは，今までにおいても，法律又は判例によって連邦の行政処分に適用されていた。（ママ）実質的証拠の法則（substantial evidence rule）を一般的に条文化したものである。」と述べる。
(130)　Final Report, supra note48, at 87.
(131)　現在の，5 U.S.C.§706(2)(F)に対応する。
(132)　Manual, supra note124, at 109-110. 法務府・前掲注(125)『解説』137-138頁。

たことは，Ⅰ2において述べたとおりである[133]。

（2）注(26)で挙げた Gray 判決は，このような事例の嚆矢として捉えられ，先行業績において広く紹介されているが，3年後の Hearst 判決（注(29)）とあわせて，橋本公宣と園部逸夫により，詳しく紹介されているところである（Ⅰ3（3），Ⅰ4（1）参照）。

〈混合問題〉についての先駆的事例とされる Gray 判決は，鉄道会社が，瀝青炭法に規定された「生産者」であると主張し，瀝青炭法の適用除外を求めたものである。「生産者」概念は，〈法律問題〉とも解釈され，従来の〈事実問題／法律問題〉の二分論からすれば，〈法律問題〉に結び付け，裁判所の全面審査（判断代置）が可能な領域であった。

連邦最高裁は，「生産者」という適用除外規定への当てはめに関して，行政機関の判断を尊重する手法をとっている[134]。このことは，明確に「生産者」ないしは「消費者」と判断される場合を除き，"不明確な"領域における当てはめの作業においては，行政機関に委ねられる〈法の当てはめ〉の機能が尊重されることを意味する。

「特定の問題がいずれに属するかを決定するためには，その産業に熟知した専門的な経験のある判断が求められる。"生産者"概念に至るまでの詳細につき，議会が委員会に委ねた職務とあまりにかけ離れており，委員会の判断を否定するような場合でなければ，裁判所としては委員会の判断に介入することはできない（314 U.S. 402, at 413.）。」

〈混合問題〉の概念は，こうして，Gray 判決において，連邦最高裁の中で（用語は用いられていないが）明確化されたと考えられる。Ⅱ1（2）において述べたように，この概念自体は，既に，Dickinson によって述べられていたが，連邦最高裁は，概念として不明確な領域を〈混合問題〉とし，司法審査に制約をかけた。

Hearst 判決も，国家労働関係法における「労働者」概念につき，同様の判断を示している。新聞の"売り子"が，同法の「労働者」に該当するかにつき，連邦最高裁は，立法過程を分析した上で[135]次のように述べている。

---

(133) とりわけ，Gray 判決を論じる，山田・前掲注(22)63頁。

(134) Gray 判決の詳細については，拙稿・前掲注(32)109-111頁も参照。連邦最高裁は，概念が明確な場合を "pole" と表現し，不明確な領域を "innumerable variations" と表現している（314 U.S. 402, at 413.）。

「本事例においては，"労働者"概念に関して制限的に定義する必要性が必ずしもあるわけではない。("労働者"概念への当てはめは）第一次的には議会により法を執行するために設置された行政機関によって担われることとなる（322 U.S. 111, at 130.）。」

したがって，日常的に国家労働関係法の執行に携わり，労使関係の問題に関する様々な知識及び経験が備わっている NLRB の判断が尊重されるとの結論が導かれる。

（3）Gray 判決や Hearst 判決が，従来〈法律問題〉として扱われた領域も〈事実問題〉として扱うアプローチを示しているのに対して，やや異なったアプローチを行ったのが，注(57)(58)で挙げた Chenery 判決（Chenery Ⅰ , Chenery Ⅱ）である。園部逸夫の研究や橋本公宣の研究が，Gray 判決及び Hearst 判決に集約した形で〈混合問題〉を整理せずに，Chenery 判決も含んだ上で，〈混合問題〉として整理していた（Ⅰ3(3)，Ⅰ4(1)参照）。この整理の仕方は，参照したアメリカの論者による整理の仕方の影響ではないかと思われるが，その前に，Chenery 判決の概要について簡単に触れておきたい。

会社の再編計画に関する SEC の判断が争われた Chenery 判決は(136)，司法審査の範囲が争点の一つになっており，当初の SEC の判断に関する Chenery Ⅰ と，差戻後の SEC の判断に関する Chenery Ⅱがある。

Chenery Ⅰ において，連邦最高裁は次のように述べる。

「もし，（行政上の）行為が行政上の決定に基づいているならば，議会が行政機関に委ねた領域の司法審査ということになり，裁判所に委ねられたならば異なった結論に達したであろうという論理から行為を取消すことはできない。しかしながら，行為が法律に基づいているのであれば，裁判所の権限が及ぶ範囲であり，行政機関の法解釈が誤っていれば判断は取消されることになる（318 U.S. 80, at 94.）。」

この判示の前半部分の趣旨は，後述の Chenery Ⅱの判示からすると，判断代置への戒めという趣旨のようである(137)。

判示の後半部分は，〈法律問題〉に関するこれまでの連邦最高裁のスタンスを確認したものといえる。しかしながら，Chenery Ⅱ と併せて解釈すると，

---

(135) 立法過程については，拙稿・前掲注(32)112頁参照。

(136) Chenery 判決については，拙稿・前掲注(33)70頁以下参照。

(137) 332 U.S. 194, at 196. ; 401 U.S. 402, at 416.（注(89)の Overton Park 判決）において，連邦最高裁は判断代置（substitute）を明確に否定している。

［行政法研究 第22号（2018. 1）］

Chenery 判決は，Gray 判決や Hearst 判決とは異なる要素を含んでいるように読むことができる。

Chenery Ⅱにおいて，連邦最高裁は次のように述べる。

「裁判所にとって，行政機関のみが権限を与えられている決定もしくは判断を審査するに当たっては，行政機関によって主張されている根拠のみによってその行為の妥当性（propriety）を判断しなければならない。根拠が不十分もしくは不適切であっても，裁判所としてより十分なもしくは適切であると考える根拠によって代置することにより，行政上の行為を容認することはできないのである。裁判所によって判断代置することは，議会が行政機関に排他的な領域として割り当てた分野に，裁判所を駆り立てることになるであろう（332 U.S. 194, at 196.）。」

Chenery 判決が示した実体的審査の準則は，現在次のようにまとめられている[138]。まず，裁判所は，行政機関の主張した根拠に基づいてのみ審査をなしうるということ。次に，裁判所は，行政機関によって主張された根拠以外に基づいて行政活動の妥当性を判断することはできないとういうこと。最後に，裁判所が行政機関によって主張されない理由に基づいて判断するならば，行政機関の排他的領域に踏み込むことになること[139]。

このような，実体的審査の手法は，注(89)で挙げた Overton Park 判決等に連なっていると考えられ，〈事実問題／法律問題〉の区分論や，その発展形である〈混合問題〉とは異なることになる。但し，後述するように，Davis の受け止め方は，〈混合問題〉の一例ということであり，前述した橋本公亘の研究もそれに倣ったものとなった。

3　学説の展開

（1）1950年代になると，Schwartz がイギリス法との比較という観点から，そして Davis が体系書として行政法の文献を著している。1950年の Schwartz の文献においては，まず司法審査の準則としての実質的証拠法則が語られ，行政活動に関する司法審査が〈法律問題〉に限定されている旨述べられている[140]。この

---

(138) 拙稿・前掲注(33)74頁以下も参照。

(139) PIERCE et al., supra note30, at 384. なお，GELLHORN & LEVIN は，Chenery Ⅱに関して，「裁判所が行政機関の主張事由以外のことに依拠することができないのは，行政機関のみが議会が委任した裁量的決定をなす権限を有しているからである。」と述べる。GELLHORN & LEVIN, supra note45, at 109.

(140) B. SCHWARTZ, AMERICAN ADMINISTRATIVE LAW, 113（1950）.

背景として，Schwartz は，専門的判断を裁判所が初審的に審理することが望ましくないことを挙げている[141]。

次に Schwartz は最近のアメリカにおける判例動向として，Gray 判決を嚆矢とする〈混合問題〉の事例において，司法審査が制限されていること[142]，Hearst 判決をはじめとした諸判例によりこの法理がアメリカ行政法において確立されていることを指摘している[143]。

もっとも，このような Schwartz の見解に対しては，一貫性を疑問視する見解が園部逸夫から寄せられていた[144]。このことは，Ⅰ2（3）や注(29)で述べたように，現在の理解からすると園部の指摘が正しいようである。

憲法的事実・管轄的事実の理論（法理）について Schwartz はこの文献において包括的な考察はしていない。但し，注(36)で挙げた Crowell 判決について，イギリス法との比較から（〈事実問題〉に関しても）独立した司法審査を論じており[145]，管轄的事実が当時の学説においても大きなテーマであったことをうかがわせる。

（2）より詳細な整理は，翌年の Davis の文献においてなされている。リーディング・ケースとして，Gray 判決及び Hearst 判決を挙げる Davis[146]は，「司法審査は，時によっては，"法律"及び"事実"という用語に依拠していない[147]」と指摘する。

Davis の分析として特徴的なのは，2（3）で取り上げた Chenery Ⅱ の位置づけであり，Davis は，Chenery Ⅱ を「Gray 判決の最も極端な適用事例[148]」として位置づけている。前述のように（Ⅰ3（3）も参照），橋本公宣は，Chenery Ⅱ を〈混合問題〉の一例として位置づけているが[149]，Davis の分析法が影響したのではないかと考えられる。

Davis のこのような分析の背景には，〈混合問題〉に関する次のような理解が

---

(141) ibid.
(142) SCHWARTZ, Id. at 119.
(143) SCHWARTZ, Id. at 120.
(144) 園部・前掲注（2）106頁注(51)参照。なお，園部が参照したのは，B. SCHWARTZ, AN INTRODUCTION TO AMERICAN ADMINISTRATIVE LAW, 197(1955). である。
(145) SCHWARTZ, supra note140, at 122-124.
(146) DAVIS, supra note44, at 883-884.
(147) DAVIS, Id. at 884-885.
(148) DAVIS, Id. at 885.
(149) 橋本・前掲注（8）205頁。同206頁注(12)において Davis の著が引用されている。

考えらえる。〈混合問題〉とは，従来〈法律問題〉として独立した司法審査領域と
されてきたものの制約であり，判断代置（substitute）の制限[150]という Chenery Ⅱ
の考え方が，司法審査の制約として同類の扱いがなされた可能性がある。Davis
の分析は，園部逸夫の研究にも影響を及ぼしており，園部も，Chenery Ⅱをして，
「Gray v. Powell の原則を最もはっきりと適用した」事例と位置づけている[151]。

　しかし，〈混合問題〉に関する一貫性のなさから1984年の Chevron 判決の法理
への移行が現在の文献において語られるとき，Chenery Ⅱは関係する判例群か
ら除外されている（Ⅰ2（3）及びⅠ3（3）を参照）。

　一方で，Davis は，憲法的事実及び管轄的事実の理論（法理）に対しては，憲
法的事実に関して，注(35)で挙げた Ben Avon 判決，管轄的事実に関しては注(36)
で挙げた Crowell 判決，また，市民権の問題について，注(42)で挙げた Ng
Fung を代表的事例として挙げる。その上で，最初の二つ（Ben Avon, Crowell）
に関しては，その後の判例動向も踏まえ，"virtually dead" という表現を用いて
いる[152]。憲法的事実及び管轄的事実に関する Davis の理解は，両理論（法理）
に関する現在の理解に通じるものといってよい。先行業績においても。Ⅰ3（3）
における橋本公亘の否定的評価，Ⅰ4（2）における杉村敏正の否定的評価に現れ
ているところである。

　Davis によれば，憲法的事実に関する Ben Avon 判決については，1940年代以
降の連邦最高裁判決が決別する姿勢を示しているとされる[153]。管轄的事実に関
する Crowell 判決については，1946年の連邦最高裁判決[154]における Frankfurter
判事の，（Crowell 判決）がその後の判決との間に生じさせた摩擦により，（管轄的
事実の）理論（法理）は眠りについたとの表現が現状において適切であるとの指
摘をしている[155]。

　Ben Avon 判決に対する否定的評価は，Davis 及び Schwartz の見解[156]を含め
て，橋本が紹介しているところであり[157]，杉村敏正が，管轄的事実の理論（法理）

---

(150) 332 U.S. 194, at 196.
(151) 園部・前掲注（2）95頁。なお，同100頁注(40)において，DAVIS, ADMINISTRATIVE
　　　LAW TREATIES（1958）が引用されている。
(152) DAVIS, supra note42, at 918.
(153) Davis, Id. at 919.
(154) Estep v. United States, 327 U.S. 114（1946）.
(155) DAVIS, Id. at 920-921.；327 U.S. 114, at 142.；Frankfurter の指摘については，大橋・
　　　前掲注(36)71頁参照。
(156) Schwartz の見解については，B. Schwartz, A Decade of Administrative Law, 51
　　　Mich. L. Rev.775（1953）が参照されたようである。橋本・前掲注（8）210頁注（3）参照。

も含め，これらの判決は判例変更されたと述べているところである（杉村の見解についてはⅠ4（2）も参照[158]）。

（3）司法審査論については，1965年に出された Jaffe の著書が著名である[159]。〈事実問題〉〈法律問題〉についての1950年代の Jaffe の論考は，橋本公亘等の先行研究において引用されているが[160]，1965年の著書においても，〈事実問題〉，〈法律問題〉，更には憲法的事実や管轄的事実の理論（法理）について大いに言及がなされているところである。Jaffe の論理は難解で要約は難しいが，〈混合問題〉及び行政裁量についての言及につき，特徴的なところを取り上げたい。

まず，〈混合問題〉については，1940年代の Gray 判決及び Hearst 判決につき，連邦最高裁がこれまで以上に，行政機関の法律及び政策決定機能を評価していると述べる。但し，Gray 判決や Hearst 判決が（〈混合問題〉という領域において司法審査を制限することで）これまでの司法権の役割の放棄につながるかという問題に関しては，このような連邦最高裁の論理はより古くから見られるものだとして，1904年の Bates & Guild Co. v. Payne[161]を取り上げている[162]。

Payne 判決は，〈事実問題〉から〈法律問題〉に至るまでの行政機関の判断の適法性に対する謙譲を次のように述べている[163]。
「事実問題に関する決定が議会により行政機関の長の判断又は裁量に委ねられているときは，その決定は終局的である。そして，混合問題や法律問題のみである場合であっても，裁判所は審査権を有するものの，行政機関の決定には強い適法性の推定が働くのである（194 U.S. 106, at 109-110.）。」

このような連邦最高裁における線引きの不明確性については，既に1927年の Dickinson の書において指摘されていたところであった（Ⅱ1（2）参照）。

（4）一方，裁量審査については，1950年の Schwartz 及び翌年の Davis と比

---

(157) 橋本・前掲注（8）213頁。
(158) 杉村・前掲注（3）46頁，47-49頁注（8）（9）（10）参照。注釈を見る限り，杉村は，Davis の見解を参照していないようである。
(159) L. L. JAFFE, JUDICIAL CONTROL OF ADMINISTRATIVE ACTION,546- (1965).
(160) L. L. Jaffe, Judicial Review: Questions of Law, 69 Harv. L. Rev. 239 (1955).; L. L. Jaffe, Judicial Review: Questions of Fact, 69 Harv. L. Rev. 1020 (1956). が橋本公宣，園部逸夫によって引用されている。
(161) 194 U.S. 106 (1904).
(162) JAFFE, supra note159, at 575.
(163) JAFFE, ibid. に判旨が載っている。

［行政法研究　第22号（2018．1）］

較すると，現在の裁量審査論に通じる記述が見られる。Jaffe は，連邦下級審判例の動向を踏まえつつ，行政機関に対して従前の政策からの逸脱や従前の政策との不一致に関する説明を裁判所が求めることが増えてきていることを指摘している[164]。

　裁判所による行政裁量の審査は，連邦最高裁判例においては，1971年の Overton Park 判決（注(89)参照），更には1983年の Motor Vehicle Manufactures Association v. State Farm Mutual Automobile Insurance Company[165]に代表される "hard look" 審査と呼ばれる厳格審査へと移行し[166]，現在の議論の中心はむしろその負の側面にあるといってよい（代表的なものとして，規則制定の "硬直化" の問題がある[167]）。

　Jaffe は裁量審査のその後を見事に予見していたといえるが，行政裁量に対する本格的な言及は，Jaffe 以降の論者を待たなければなかった。このことは，Jaffe 以前の論者の関心が，〈混合問題〉の設定とその是非に向けられていたことにも起因するが，行政裁量に関する判例自体の蓄積不足にも関係するのではないかと思われる[168]。同時に，行政裁量に関する議論が蓄積した今日において，例えば Lawson による以下の記述は，〈混合問題〉から〈行政裁量〉へと議論の中心が移行していることと同時に，〈混合問題〉に関する検証が十分になされなかったまま，〈行政裁量〉に議論が集中しているのではないかとさえ感じさせる。

　「多くの行政決定は，事実認定にも法の帰結のいずれか一方に分類される。（しかしながら）いくつかの行政決定は，裁量権の行使（exercises of discretionary authority）を含んでおり，事実問題又は法律問題に還元することができない[169]。」

　Lawson が，〈事実問題〉や〈法律問題〉に還元され得ない領域として設定する裁量権の行使は，初期の Schwartz や Davis そして Jaffe が〈混合問題〉とし

---

(164)　JAFFE, Id. at 586-587.

(165)　463 U.S. 29（1983）.

(166)　この動向については，先行業績を含め，拙稿・前掲注(32)120頁以下，同「行政立法制定における考慮要素と司法審査」静岡大学法政研究21巻 2 号318頁以下。S. G. BREYER, R. B. STEWART, C. S. SUNSTEIN & A. VERMEULE, ADMINISTRATIVE LAW AND REGULATORY POLICY（7th），347-（2006）．においては，1960年代半ばからの行政裁量の厳格審査が論じられているが，BREYER, Id. at 349. は，注（58）で挙げた Chenery I 判決に "hard look" 審査の原型を求めている。

(167)　PIERCE, et al., supra note59, at 338-344. ; GELLHORN & LEVIN, supra note45, at 350-352.

(168)　この問題に関する筆者（高橋）の考え方については，拙稿「法律・事実・裁量（ 3 ）」静岡大学法政研究20巻 2 号19-22頁。

(169)　G. LAWSON, FEDERAL ADMINISTRATIVE LAW（7th），724（2016）.

て設定していた領域であった。

Ⅳ　むすびにかえて

（1）Ⅰにおいては，我が国の戦後のアメリカ行政法研究の動向を司法審査論の観点から，Ⅱ及びⅢにおいては，当時のアメリカ行政法において展開されていた司法審査論を検討してきた。アメリカ司法審査論における，〈混合問題〉や憲法的事実・管轄的事実の理論（法理）を我が国に導入する有用性は，Ⅰ4（4）で述べたように，先駆的研究において否定的に捉えられていた。

　一方，1974年の田中二郎の体系書においては，現行憲法下においても「行政庁の自由裁量の範囲の属する限り」，当不当の問題とされ，裁判所の審査対象外であることが前提とされた[170]。「何がこの意味での自由裁量であるか」に重点を置き，羈束裁量と便宜裁量の区分の重要性が説かれ，「法の趣旨目的の合理的解釈」に基準を求めた[171]。遡れば，1957年の田中の体系書において，羈束行為と裁量行為の区分につき「法の趣旨目的の合理的・目的的解釈をなすことによって決するほかはない」と論じられていたところである[172]。羈束裁量と便宜裁量の相対化が試みられている現在においても，"公益"に着目した田中の視点は[173]，行政行為の瑕疵における違法・不当の分岐点としてなお有益である[174]。そして，このような田中の体系化の中に，〈混合問題〉の概念が入り込む余地はなかったといえよう。

（2）現在の行政法学においては，むしろ判断過程における裁量が中心的に論じられている[175]。注(170)に挙げた宮田三郎の「行政裁量」の論考は，この現在

---

(170)　田中・前掲注(10)117頁。このような我が国の（伝統的）自由裁量論の展開につき，宮田三郎「行政裁量」雄川一郎ほか編『現代行政法体系2（行政過程）』（1984年）37-38頁。

(171)　田中・前掲注(10)118頁。この「自由裁量」概念の克服につき，藤田宙靖『行政法総論』（2013年）96頁以下（相対化につき，105頁以下）。

(172)　田中・前掲注(6)289頁。

(173)　田中・前掲注(10)117頁。

(174)　この点において，法適合性と目的適合性を分け，裁判所の審理を前者に限定するドイツ法のアプローチはなお有益なのであろうが，筆者(高橋)にこれ以上の分析能力がない。Maurer, a.a.O., S.140. ; Wolf/Bachof/Stober/Kluth, a.a.O., S.325.

(175)　塩野宏『行政法Ⅰ〔第6版〕』（2015年）136頁以下（行政庁の判断過程における裁量につき，138頁以下），宇賀克也『行政法概説Ⅰ〔第6版〕』（2017年）324頁以下（行政裁量の認められる判断過程につき327頁以下）。

［行政法研究 第22号（2018. 1）］

につながる視点を提供している。

　宮田は，法律の適用は4つの段階に整理することができるとし，①事実の認定，②法律要件の解釈，③包摂，すなわち具体的事実への法律要件のあてはめ，④法律効果の確定，すなわち処分をするか否か等の処分の選択の問題という4段階である（宮田は風俗営業取締法の規定に沿いながら論じているが，その箇所は省略した(176)）。

　このような法の適用段階のうち，①はアメリカでいえば〈事実問題〉であり，②，③は〈法律問題〉〈混合問題〉に近いと考えられる。従って，行政裁量の適用過程において〈混合問題〉とされた領域を我が国において見出すこと自体は可能である(177)。

　（3）しかしながら，我が国の「行政裁量」論の中に〈混合問題〉の概念を持ち込むことは，先駆者の作業がそうであったように現代でも難しいのではないかというのが私見である。

　既に述べたように，先駆的研究の中では，我が国における「自由裁量論」と如何に結びつけるかいう難しさにその一因があったのではないかと考えられる。（1）で述べた田中二郎の体系の中において，羈束裁量と便宜裁量の区分がその中心的テーマであったとすれば，〈事実問題／法律問題〉の二分論及びその間に生じた〈混合問題〉に議論がもたらす有益性を見出すことは困難である。

　〈混合問題〉に関する Gray 判決を我が国に紹介した山田幸男は（I 2（2）参照），その後英米法の視点も踏まえつつ「自由裁量」を論じている。しかしながら，山田のいう我が国の「学問上のリープリングス・テーマ(178)」であった「自由裁量論」を論じていくには，我が国における先行学説(179)及びフランス法・ドイツ法の視点が有益であり，判例法理が不十分であった"discretion"が寄与すべき領域は少なかった（なかった(180)）。また，〈混合問題〉は視野の外に置かれていた。

　（4）むしろ，APA の司法審査規定を除外する APA701条(a)（2）における

---

(176) この宮田の類型化に近い形で，判断過程を4分類するものとして，稲葉馨ほか『行政法〔第3版〕』（2015年）108頁（人見剛）。

(177) 実際に，行政行為の瑕疵の構造の中で「混合問題」に言及するものとして，曽和俊文『行政法総論を学ぶ』（2014年）156頁。

(178) 山田・前掲注(11)126頁。

(179) 先行学説の整理につき，山田・前掲注(11)126-130頁。

(180) 山田・前掲注(11)・131-132頁。

"discretion" に「自由裁量」の語が充てられていたことは，Ⅰ4（4）において指摘したが（杉村敏正は，注(86)において述べたように，「絶対的裁量（absolute discretion）」の語を用いている），この条項の解釈もまた先例がなく明確な整理がなされないままであった。常岡教授は，APA に規定されている "discretion" につき，「行政裁量には審査適性がなく司法審査が排除される自由裁量と，審査適性がありしたがって司法審査を受けその上で濫用に当たれば取り消される単なる裁量との2種類がある」と整理されている(181)。この2つの「裁量」概念の緊張関係については，後に Schwartz も指摘しているところであった(182)。先駆的な研究においては，前者がここで述べている「自由裁量」に当たる。一方，後者の裁量に関しては，〈混合問題〉に焦点が当てられたことで，明確な整理はなされていない。

　ただ，このような不明確な整理は，Ⅲで述べたように当時のアメリカ行政法における議論の中心もまた，〈混合問題〉にあったことに起因すると思われ，常岡教授が指摘する後者の「裁量」に焦点を当てたのは，注(89)において述べた1971年の Overton Park 判決であった(183)。これ以降，アメリカにおける司法審査論の中心が〈混合問題〉から「裁量」の統制へと移行しているように思われる（→Ⅲ3（4）も参照）。

　（5）以降，〈混合問題〉と「裁量」は別々の議論の対象となる。〈混合問題〉に対しては，批判的な見解が示されることが多い。

　〈混合問題〉に関する学説の発展に寄与した Schwartz は（Ⅲ3（1）参照），Gray 判決の法理は，確立された行政法理論になったと評している(184)。注(30)で触れた1984年の Chevron 判決以降の動向につき，Gray 判決においては裁決に関する事例が問題になったのに対して，Chevron 判決は規則制定の事例であったとして両者を区分する。但し，Chevron 判決の法理が規則制定であれ裁決であれ，行政機関の法解釈に対する謙譲がなされていることは否定しない(185)。

　これに対して，Pierce らは〈混合問題〉の概念設定によって連邦最高裁が一貫性のない判断を行ってきたことを批判的に捉えている(186)。NLRB 関連判例を

（181）常岡・前掲注(83)366頁。5 U.S.C.§701(a)(2)；5 U.S.C.§706(2)(A).
（182）SCHWARTZ, supra note19, at 652-653.
（183）武田・前掲注(90)209頁以下は，「審査適性」「審査範囲」に分けて，Overton Park 判決を分析している。
（184）SCHWARTZ, supra note19, at 700.
（185）SCHWARTZ, Id. at 703.

［行政法研究　第22号（2018. 1）］

例に挙げつつ，一方では，Hearst 判決のように，〈混合問題〉として制限的審査を行いつつ，他方では〈法律問題〉として，独自の解釈を行うというのがChevron 判決までの連邦最高裁のスタイルであったとする（但し，〈混合問題〉，〈法律問題〉という文言自体は用いていない[187]）。

　同旨の考え方は，Lawson も示している。Lawson は，Gray 判決，Hearst 判決のほか O'Leary 判決（注(56)参照）を古典的な代表判例として取り上げている[188]。その上で，これら 3 つの連邦最高裁判例と同様の判断枠組みが，1941年以降 Chevron 判決までしばしば見られたことを指摘している[189]。

　Pierce や Lawson の考え方の基礎には，〈混合問題〉に関する Gray 判決やHearst 判決の制限的審査の手法は，Chevron 判決以降過去のものとなったとの前提があるものと思われる[190]。

　（5）一方，「裁量」に関しては，（4）において触れた Overton Park 判決や，Ⅲ3（4）で触れた State Farm 判決を中心とした "hard look" 審査の分析に重点が置かれている。Ⅲ1（1）において触れた APA706条（2）（A）の専断的・恣意的基準については，行政側に対して極度に謙譲的な審査から，謙譲的でない審査（もしくは厳格な審査）へと半世紀の間に劇的な変化を遂げたとも指摘されることがある[191]。

　Lawson は，行政決定に関して，結果，手続，決定過程の 3 つに着目した司法審査があることを指摘する[192]。例えば，実質的証拠法則は，結果に着目する審査であり，結果が生み出されるまでの過程に着目する審査ではない。これに対して，専断的・恣意的基準は手続や決定過程に着目することで，少なくとも，不合理な行政決定を妨げる効果を発揮している。場合によっては，はるかに厳しい行政決定に至る説明を要求しているとする[193]。現在，我が国でアメリカの行政裁量審査として注目されているのはこの領域であるが[194]，（5）で述べたように，

---

(186)　PIERCE et al., supra note30, at 397-398.
(187)　PIERCE et al., Id. at 398.
(188)　LAWSON, supra note169, at 545.
(189)　LAWSON, Id. at 549.
(190)　Chevron 判決以降の連邦最高裁判例が一貫しているかについては議論がある。拙稿・前掲注(168) 7 頁以下。
(191)　PIERCE et al., supra note30, at 388-390.
(192)　LAWSON, supra note169, at 734.
(193)　LAWSON, Id. at 735.
(194)　先行業績も含めて，拙稿・前掲注(32)120頁以下参照。

法解釈，更に遡れば〈混合問題〉の議論とは異なった土俵で論じられている[195]。

但し，このことによってⅠで述べた先駆的研究を批判的な目で見ることはできない。連邦最高裁における "hard look" 審査の嚆矢を1971年の Overton Park 判決に見るならば，〈混合問題〉に着目するか，"hard look" 審査に着目するかは，時間的な僅かなズレであったと考えられるからである。

---

(195) 中川・前掲注(20)877頁は，1970年代以降の多様な行政裁量審査判例の歴史的に位置づけ的確に理解するには，古典的なアメリカ行政法（現代アメリカ行政法の基礎部分）の解明が不可欠であるとする。中川教授の論文は大変難解であるが，中川・前掲848頁が，Overton Park 判決を従来の判例群の延長線上に位置づけられているのに対して，私見としては，本文において述べたように Overton Park 判決において従来の論理構成との切断ないしズレが生じているのではないかと考える。

〈編　者〉

宇 賀 克 也（うが・かつや）
東京大学大学院法学政治学研究科教授

◆ 行政法研究　第22号 ◆

2018（平成30）年1月25日　第1版第1刷発行　6872-01011

責任編集　宇　賀　克　也
発 行 者　今井　貴　稲葉文子
発 行 所　株式会社 信　山　社
〒113-0033 東京都文京区本郷6-2-9-102
Tel 03-3818-1019　Fax 03-3818-0344
info@shinzansha.co.jp
出版契約 No.2018-6872-0-01010 Printed in Japan

Ⓒ編著者, 2018　印刷・製本／亜細亜印刷・渋谷文泉閣
ISBN978-4-7972-6872-0：012-010-005N30 C3332
P168　分類323.903.a014 行政法

JCOPY 〈(社)出版者著作権管理機構　委託出版物〉
本書の無断複写は著作権法上での例外を除き禁じられています。複写される場合は、
そのつど事前に、(社)出版者著作権管理機構（電話 03-3513-6969, FAX 03-3513-6979,
e-mail:info@jcopy.or.jp）の許諾を得てください。

◆ 行政法研究 ◆　宇賀克也 責任編集

〔既刊 目次〕

第12号
◆特集◆ エネルギー，化学物質，水管理政策と市民参加
- ◆1 エネルギー，化学物質，水管理政策における市民参加—日本の現状と課題〔大久保規子〕
- ◆2 米国法の下での科学に基づく政策における市民参加〔ダニエル・A・ファーバー〔橘高真佐美 訳〕〕
- ◆3 持続可能社会を見据えた参加型ビジョン設計の実践とガバナンス—3自治体を例に〔原圭史郎〕
- ◆4 原発再稼働と民主的意思形成〔松本和彦〕
- ◆5 中国におけるエネルギー安全保障戦略，政策，および市民参加〔鄧 海峰〔山田綾子 訳〕〕
- ◆6 市場ベースの気候変動政策への市民参加—政治経済学的視点と日独の事例〔スヴェン・ルドルフ〔白石賢司 訳〕〕
- ◆7 食料の安全保障と参加型アプローチ〔上須道徳〕
- ◆8 化学物質事業の立地選定における中国の市民参加制度の発展—PX事業を例にして〔趙 絵宇〔丸山明子 訳〕〕
- ◆9 市民参加の観点からの化学物質排出移動量届出制度（PRTR）の世界的な動向〔相澤寛史〕
- ◆10 日本における持続可能な水ガバナンスのための法制度改革に向けて〔松本充郎〕
- ◆11 タイ北部における国・コミュニティ関係と統合的水管理—イン川住民協議会の事例研究〔シリポン・ワチャワルク〔渡辺理和 訳〕〕
- ◆12 カリフォルニア大干ばつにおける市民参加〔アントニア・ロスマン〔釼持麻衣 訳〕〕
- ◆13 フランスにおける水管理と市民参加〔マチルド・H・ブトネ〔南聡一郎 訳〕〕
- ◆14 ブラジルの水管理における社会の関与—保護とレジリエンスの改善の方法〔パトリシア・F・I・レモス〔福田健治 訳〕〕

第13号
◆鼎談◆《個人情報保護法改正の意義と課題》〔宇賀克也・藤原静雄・山本和徳〕
1 改正の背景/2 個人情報の定義の明確化/3 要配慮個人情報/4 匿名加工情報/5 取り扱う個人データの数が少ない事業者への対応/6◆委託・共同利用/7 開示請求権等の明確化/8 利用目的の変更/9 名簿屋対策/10 個人データの消去/11 個人情報保護委員会/12 グローバル化への対応/13 今後の課題
- ◆1 ドイツの建築規制における封印措置等の法制度及び実務運用〔西津政信〕
- ◆2 経済的規制と規制行政の手法〔渡井理佳子〕

第14号
- ◆1 行政裁量の判断過程審査—その意義，可能性と課題〔山本隆司〕
- ◆2 ドイツ公法学における「民主的正統化論」の展開とその構造〔田代滉貴〕

第15号
- ◆1 日仏の考古遺産法制と都市計画〔久末弥生〕
- ◆2 フランス法における既得権の理論—法律の時間的適用範囲に関する古典的理論をめぐって〔齋藤健一郎〕

第16号
- ◆1 道路建設と史跡保護—協議会の機能に関する一考察〔大橋洋一〕
- ◆2 災害と国家賠償—津波警報の適法性と地方公共団体による避難誘導（行政の責務）〔村中洋介〕
- ◆3 東アジア行政法学会国際学術総会（第12回大会）
  - Ⅰ 「オープンデータの法制度と課題」および「リスク社会と行政訴訟」〔宇賀克也〕
  - Ⅱ 日本におけるオープンデータ法制の構築と課題〔友岡史仁〕
  - Ⅲ リスク制御と行政訴訟制度—日本における司法審査と救済機能について〔下山憲治〕

〒113-0033 東京都文京区本郷6-2-9-102 東大正門前
TEL:03(3818)1019　FAX:03(3811)3580　E-mail:order@shinzansha.co.jp

http://www.shinzansha.co.jp